Total alles über Österreich
The Complete Austria

Gedruckt mit freundlicher Unterstützung von
Printed with generous support from:

Bundesministerium für europäische
und internationale Angelegenheiten

Federal Ministry for
European and International Affairs

Dank / Acknowledgements:

Martin Amor, Helga Besl, Valerie Besl, Angelika Deutsch,
Andreas Dobslaw, Günther Eisenhuber, Julia Fellerer,
Walter Fink, Julia Fischer, Ingeborg Geyer,
Bruno Haberzettl, Ilse Helmreich, Lisa Hesse,
Pamela Hniliczka, Elisabeth Huimann, Teresa Indjein,
Robert Ivancich, Eva Kählig, Gerhard Kavka, Petra Kern,
Marco Kriegner, Christian Lackner, Axel Linsberger,
Edmund Mayr, Michael Orou, Monika Plank-Mersich,
Heinz Prüller, Gerhard Rödlach, Isabella Scheuringer,
Holger Sicking, Bastian Spangenberg, Brunhilde Steger,
Karin Steinhart, Karin Svoboda, Marialuise Thurner,
Johanna Wahrstätter, Silvia Wahrstätter, Clemens Wallner,
Jörg Weitlaner, Hans-Friedemann Zedka.

Auch bei Folio erschienen / Also available from Folio:

Total alles über Südtirol
Alto Adige – Tutto di tutto
The Complete South Tyrol

2. Auflage / edition 2013
ISBN 978-3-85256-607-8

1. Auflage / edition 2013
© Folio Verlag Wien/Vienna – Bozen/Bolzano
Idee & Konzept / Idea & Concept: Hermann Gummerer,
Franziska Maria Hack; no.parking
Translation into English: Jennifer Taylor
Lektorat / Proofreading: Hermann Gummerer,
Franziska Maria Hack
Scans: Typoplus, Frangart
Grafik und Umbruch / Graphic design: no.parking, Vicenza
Printed in Italy
ISBN 978-3-85256-630-6

www.folioverlag.com

Sonja Franzke ∗ Infographics: no.parking

In Zusammenarbeit mit / In collaboration with: Hermann Gummerer & Franziska Maria Hack

TOTAL ALLES ÜBER ÖSTERREICH

THE COMPLETE AUSTRIA

Folio

Inhalt
Index

ABC

Die Autorin / Sonja Franzke war nach Buchhandelslehre und Studium der Vergleichenden Literaturwissenschaft und Germanistik als Programm- und Projektleiterin in namhaften Verlagen tätig. 2008 hat sie als Bücherproduzentin die Agentur *vielseitig* gegründet.
www.vielseitig.co.at

The author / Sonja Franzke launched her career with an apprenticeship in the retail book trade followed by studies in comparative literature and German language & literature. She worked for well-known publishers as programme and project director before founding her book production agency *vielseitig* in 2008.
www.vielseitig.co.at

Die Gestalterinnen / no.parking ist eine Agentur für Kommunikation und Gestaltung in Vicenza: Vier Frauen switchen zwischen deutschem und italienischem Kulturraum hin und her und begreifen Design als etwas, das unser Leben schöner macht, nützlich ist und allen zugänglich sein sollte.

The graphic designers / no.parking is an agency for communication and design based in Vicenza. The four women who make up the team switch back and forth between the German and Italian cultural realms and view design as something that makes our lives more beautiful, something that is useful and should be accessible to all.
www.no.parking.it

Die Co-Autoren / Hermann Gummerer studierte Germanistik und Philosophie in Wien und ist Mitbegründer und Co-Verleger des Folio Verlags. **Franziska Maria Hack** ist promovierte Sprachwissenschaftlerin und Lektorin im Folio Verlag.

The co-authors / Hermann Gummerer studied German linguistics and literature and philosophy in Vienna and is co-founder and co-owner of the Folio Verlag publishing company. **Franziska Maria Hack** holds a PhD in linguistics and is an editor at Folio Verlag.

ÖSTERREICH EINMAL ANDERS BETRACHTET
A NEW WAY OF LOOKING AT AUSTRIA

von oben / from above

im Profil / in profile

die Bewohner / the inhabitants

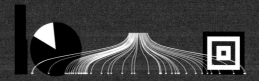

die Fakten / the facts

„Was soll ich dir noch sagen, es ist doch alles schon gesagt", sang Falco 1986, und eigentlich ist Österreich ja tatsächlich schon ausgiebig beschrieben worden.

Denken Sie.

Mit „Total alles über Südtirol" haben wir gezeigt, dass eine andere Darstellungsform – nämlich die der **Infografiken** – völlig neue Blicke auf ein Land eröffnen kann und dass bunte, spritzige Visualisierungen auf viel Interesse und Zuspruch sowohl bei Landeskennern als auch bei Entdeckern stoßen.

Also haben wir auch die rot-weiß-rote Alpenrepublik neu vermessen und Dialektforscher, Touristiker, Wirtschaftshistoriker, Statistiker, Sommeliers, Waldbeobachter und andere Experten und Expertinnen verschiedenster Disziplinen ausgefragt. Die gewonnenen Fakten haben **wir dann mit dem berühmt-berüchtigten österreichischen Schmäh**, aber auch mit viel Respekt zu einem neuen Bild zusammengefügt. Gerade aus der Kombination von bewundernd-augenzwinkerndem italienischem Blick von außen und stolzer, heimatverliebter österreichischer Innenschau haben sich so erstaunliche **neue Perspektiven** eröffnet.

Möge Ihnen diese infografische Entdeckungsreise durch Österreich mindestens so viel Vergnügen bereiten, wie Sie Neues kennenlernen und Bekanntes anders sehen werden.

Damit wir am Schluss nicht wie Falco singen:

„Ohne uns sind wir die Hälfte wert, wir geh'n vorbei und sehen es nicht."

"What should I say to you? It's all been said before", sang Falco in 1986. And Austria has in fact already been described at length one too many times.

That's what you think.

With "The Complete South Tyrol" we showed how a different form of presentation – using **infographics** – can help us see a country in a whole new way. Original and colourful graphic visualisations have a way of captivating both those who think they know a place well and those who are just discovering its singular attractions. With this experience in mind, we set out to survey the red-white-red alpine republic with fresh eyes, quizzing dialect researchers, tourism experts, economic historians, statisticians, sommeliers, forest watchers and other experts from a wide range of disciplines. We then compiled the collected facts and figures – adding a pinch of **the infamous Austrian humour** for good measure, but also with plenty of respect – into a brand new picture of Austria. This unique combination of an admiring yet irreverent Italian gaze looking in from the outside and proud, homeland-loving Austrian introspection opens up some astonishing **new perspectives**.

We hope you'll find this infographic discovery tour of Austria as fun as it is informative and eye-opening.

So we won't be singing along with Falco:

"Without us, we're only worth half as much. We walk past without seeing it."

Die Autoren / The authors
Die Gestalterinnen / The graphic designers

Ein Land sieht rot
A country sees red

Auch wenn eine Farbe dominiert, ist das Land doch recht bunt. /
Even though one colour dominates, the country is quite multicoloured.

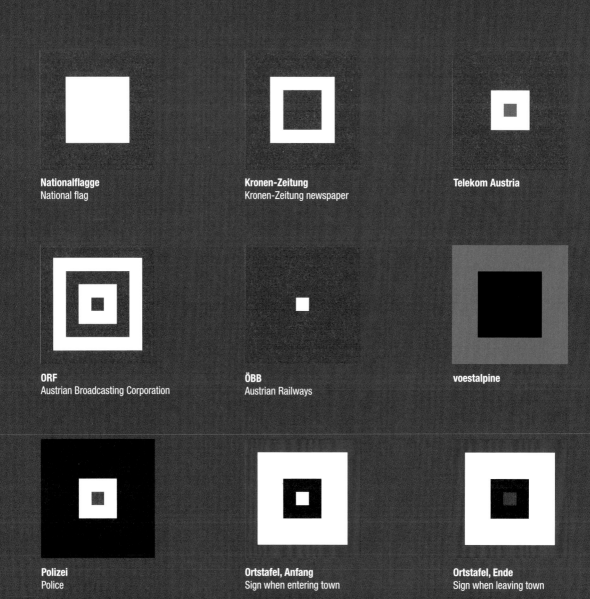

Nationalflagge
National flag

Kronen-Zeitung
Kronen-Zeitung newspaper

Telekom Austria

ORF
Austrian Broadcasting Corporation

ÖBB
Austrian Railways

voestalpine

Polizei
Police

Ortstafel, Anfang
Sign when entering town

Ortstafel, Ende
Sign when leaving town

OMV

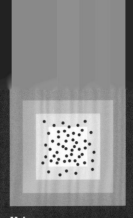

Melange
Coffee with milk

Swarovski

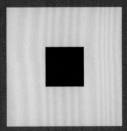

Österreichische Post
Austrian Post

Schloss Schönbrunn
Schönbrunn Palace

Wiener Schnitzel

Käsekrainer
Sausages made of pork and cheese

Almdudler
Lemon soda with herbal extracts

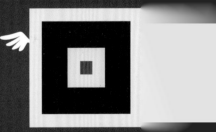

Red Bull

Sachertorte
Sacher cake

Mozartkugel

Manner

24 Stunden
24 hours

Was sich so alles im Lauf eines Tages ereignet. / All that happens on an average day in Austria.

216

Kinder kommen auf die Welt (111 Buben, 105 Mädchen).
children are born (111 boys, 105 girls).

18

Frühgeburten
premature births

3

Mehrlingsgeburten
multiple births

105

Ehen werden geschlossen.
weddings take place.

??

Seitensprünge
extra-marital affairs

46

Ehen werden geschieden.
divorces are finalised.

1

gleichgeschlechtliche Partnerschaft wird eingetragen.
same-sex partnership is registered.

83.200 m³

Fläche, um die sich der Wald vergrößert
Area, by which the forest grows

141.699 t

Müll werden produziert.
of rubbish is produced.

6.849.315.068 l

Wasser werden von Haushalten und Industrie verbraucht.
of water are used by households and industry.

9.265,97 t

Rohmilch werden gemolken.
of raw milk are produced.

921

Autos werden neu zugelassen.
cars are registered.

668.493

Personen fahren mit dem Zug.
people travel by train.

275.342 t

Waren werden mit dem Güterzug transportiert.
of goods are transported by freight train.

43

Häuser werden gebaut.
houses are built.

> 20 ha

Boden werden verbaut.
of ground is built on.

169

Minuten läuft der Fernseher.
minutes when the television is switched on

194

Minuten läuft das Radio.
minutes when the radio is switched on

7

Festspiele und Festivals ziehen insgesamt 4.396 Besucher an.
festivals attract a total of 4,396 visitors.

45.972

Personen gehen ins Kino.
people go to the cinema.

24

österreichische Bücher erscheinen.
Austrian books are published.

358.904

Touristen sind im Land.
tourists are in the country.

15.068.493,5

Arbeitsstunden werden entlohnt.
work hours are paid for.

4.924.660

Personen sind unselbstständig erwerbstätig.
people work as wage earners.

1

**neues Geschäft
entsteht.**
new shop
is opened.

71

**Unternehmen
werden neu
gegründet.**
companies
are founded.

66

**Unternehmen
werden geschlossen.**
companies cease
operations.

361.000.000 €

**Wert der Waren,
die importiert werden**
Value of goods imported

338.000.000 €

**Wert der Waren,
die exportiert werden**
Value of goods exported

26.169.863 €

**Wert, um den die
öffentliche Verschuldung
ansteigt**
Value by which
public debt rises

7

**Patente werden
angemeldet.**
patents are
registered.

140

**Ausländer
wandern nach
Österreich ein.**
foreigners immigrate
into Austria.

20

**Österreicher
wandern ins
Ausland aus.**
Austrians emigrate.

39

**Asylanträge
werden gestellt.**
asylum applications
are made.

1.622.400

**Zigaretten werden
geraucht.**
cigarettes are smoked.

10

**Personen erhalten
die österreichische
Staatsbürgerschaft
(werden eingebürgert).**
people are granted
Austrian citizenship
(are naturalised).

1,07

**Geisterfahrer treiben
ihr Unwesen.**
wrong-way drivers
wreak havoc
on the motorways.

15

**Körperverletzungen,
3 davon schwer**
physical injuries,
3 of them severe

3

**Personen werden
gefährlich bedroht.**
persons' lives
are threatened.

19

Diebstähle
thefts

1

Veruntreuung
case of embezzlement

1

**Brandstiftung
wird jeden
10. Tag vorübt.**
case of arson is
committed every
10 days.

99

**Personen werden
gerichtlich verurteilt.**
people are convicted
by a court of law.

1.501

Strafanzeigen
criminal complaints

7

**Kinder verlieren
ihr zuhause.**
children lose
their homes.

112

Unfälle
accidents

20

Alpinunfälle
alpine accidents

310

Arbeitsunfälle
work accidents

111

**Unfälle im
Straßenverkehr**
road accidents

67.356

**Stunden
Freiwilligenarbeit
werden geleistet.**
hours of
volunteer work

4

**Organe werden
verpflanzt.**
organs are
transplanted.

872

**Operationen,
davon 223
Kataraktoperationen
(Grauer Star)**
operations, 223 of
them for cataracts

1

**Fußgänger oder
Radfahrer stirbt
jeden 3. Tag.**
pedestrian or cyclist
is killed every 3 days.

209

**Personen
sterben.**
people die.

Damit das Kind einen Namen hat
On a first-name basis

Die verbreitetsten Vornamen in Österreich bzw. wie heute Kinder benannt werden. Auch für Gegenstände und Situationen haben ÖsterreicherInnen mitunter einen Namen parat. / The most popular first names in Austria, or what people today name their babies. Austrians also have favourite names for animals, objects and situations.

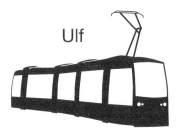

Wiener Straßenbahn
Viennese tram

Der höchste Gipfel der Ammergauer Alpen
The highest peak in the Ammergau Alps

Hund
Dog

**„Da hama an Koal ghabt!"
(Da hatten wir Spaß.)**
We had so much fun.

**... aber Jennifer, aber dalli
(von Jennifer Rush)**
Get a move on!

Stephansdom
St. Stephen's Cathedral

Perücke
Wig

Geld
Money

Eichhörnchen
Squirrel

Karl

Walter

Gerhard

Franz

Michael

Johann

Josef

Andreas

Christian

Peter

Renate

Anna

Brigitte

Christine

Helga

Maria

Elisabeth

Andrea

Monika

Elfriede

Jonas

Tobias

Jakob

Julian

Lukas

Elias

David

Sebastian

Maximilian

Alexander

Lena

Marie

Leonie

Sophie

Laura

Anna

Sarah

Emma

Hannah

Julia

Sag mir Deinen Namen und ich sage Dir, wo Du herkommst!
Tell me your name, and I'll tell you where you come from!

Die häufigsten Familiennamen und ihre Verbreitung im Land / The most common surnames and their distribution in the country

Die 15 häufigsten Nachnamen
The 15 most common surnames

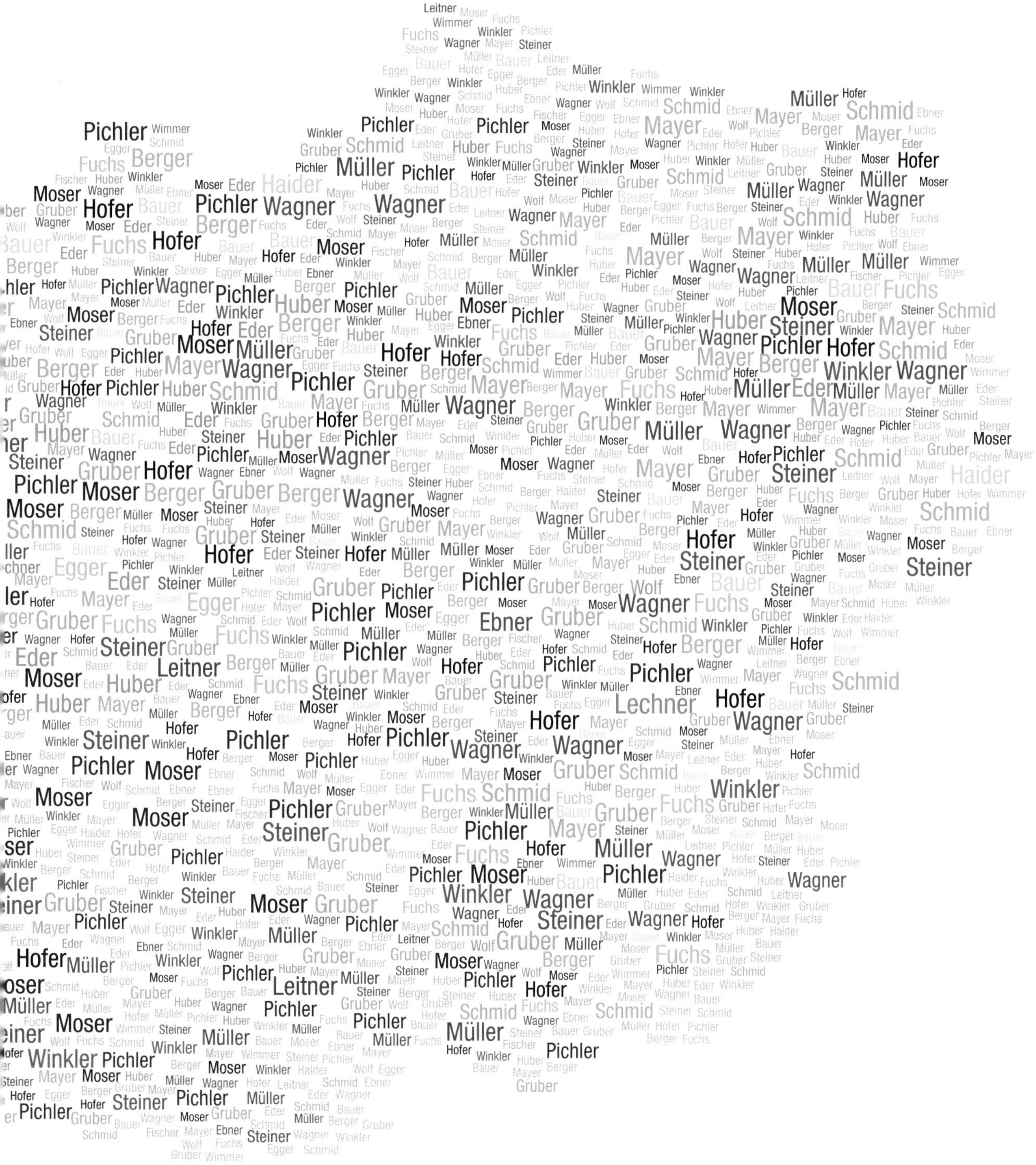

Der Herr Hofrat lässt bitten …

Herr Hofrat cordially requests …

Wie man in Österreich jemanden anzusprechen hat. / How to address someone in Austria.

A

Abgeordneter
Amtsdirektor
Amtsrat
Arch.
Assessor

B

B.ENG.
Bakk.
Baurat h.c.
BC
Bergrat h.c.
Bgm.
BM
Botschafter
Botschaftsrat
Botschaftsrätin
Brigadier
Bundesminister a. O.
Bürgermeister

C

Chefarzt Dr.

D

DBAG
DDr.
DI
DI. Dr.
Dipl. Arch.
Dipl. Biol.
Dipl. BW.
Dipl. Dolm.

Dipl. Geol.
Dipl. Ing.
Dipl. Ing. Dr.
Dipl. Ing. Mag.
Dipl. Math.
Dipl. Met.
Dipl. Oec.
Dipl. Öko.
Dipl. Phil.
Dipl. Phys.
Dipl. Restauratorin
Dipl. Soz.
Dipl. VW.
Dipl.-Arch.
Dipl.-Geogr.
Dipl.-Ing.
Dipl.-Med.
Dipl.-Päd.
Dipl.-Psych.
Dir.
Dir. Dr.
Dir. i. R.
Dkfm.
Dkfm. Dr.
Dkfm. Komm. R.
Dkfm. Mag.
Doz. Dr.
Dr.
Dr. Dipl. Ing.
Dr. Ing.
Dr. jur.
Dr. Mag.
Dr. Mag. pharm.
Dr. med.
Dr. med. dent.

Dr. med. habil.
Dr. med. vet.
Dr. phil.
Dr. sc.
Dres.

F

Fähnrich
Forstrat h.c.

G

Gefreiter
Gen. Dir.
Gen. Dir. Dr.
General
Generalkonsul
Generalleutnant
Generalmajor
Gesandter
Gesandter i. R.
Gouverneur
Gouverneur Dr.
Gräfin
Graf

H

Hauptmann
Hofrat
Hofrat Dipl. Ing.
Hofrat Dr.
Hofrat Mag.
Hofrat Mag. Dr.
Hofrat Prof.
Honorarkonsul i. R.

I

Ing.
Ing. Dkfm.
Ing. Dr.
Ing. Mag.
Ing. MSD
Intendant

K

Kammersänger
Kammerschauspieler
Kantor
Kanzleirat
Komm. Rat
Komm. Rat Ing.
Komm. Rat Prof.
Konsul
Konsul Dr.
Korporal
KR Dkfm.
KR Dr.

L

L. Abg.
Landeshauptmann-Stv.
Leutnant
Lord

M

M.A.
Mag.
Mag. (FH)
Mag. arch.
Mag. DDr.

* **Charakterköpfe von** / Character heads by
Franz Xaver Messerschmidt (1736–1783)

1919 wurde das „von" in Nachnamen abgeschafft. / In 1919 the use of "von" in names was abolished.

Aber umso mehr werden nun akademische Grade und Berufstitel gepflegt. / But this only made the use of academic degrees and occupational titles all the more popular.

Und wer im Burgtheater eine Karte bestellt, kann aus 267 Möglichkeiten wählen. When you order a ticket to a performance at the Burgtheater, you can choose from 267 options.

Mag. DI.
Mag. Dkfm.
Mag. Dr.
Mag. Dr. LL. M.
Mag. MA
Mag. pharm.
Mag. phil.
Mag. Prof.
Mag. theol.
Major
MAS
MBA
MBA DI
MD
MdA
MdB
MdL
MDr.
Med. Rat Dr.
MIB
Min. Rat
Min. Rat Dr.
MMag.
MMag. Dr.
MMMag.
MPH
Musikdirektor

N
Notar

O
O. Univ. Prof.
OA Dr. med.
Oberamtsrat

Oberbürgermeisterin
Oberleutnant
Oberleutnant d. Res.
Obermedizinalrat
Oberschulrat
Oberst
Oberstabswachtmeister
Oberstleutnant
Oberstudiendirektor
Oberstudienrat
Oberwachtmeister
ObstA Dr.
Offiziersstellvertreter
Ökonomierat
OMR Dr.
OMR Dr. med.
OMR Dr. med. habil.
OMR Dr. sc. med.
OSR
OStR.
OStR. Prof.

P
Pastor
Pastorin
Pfarrer
Pfr. i. R.
PhD
Präs. Dr.
Präsident Ing.
Prim. Dr.
Prim. Prof. Dr.
Prim. Univ. Prof. Dr.
Prinz
Prinzessin

Prof.
Prof. DI. Dr.
Prof. Dr.
Prof. Dr. Dr.
Prof. Dr. habil.
Prof. Dr. Ing.
Prof. Dr. med.
Prof. Dr. sc.
Prof. Dr. sc. med.
Prof. Dr. theol.
Prof. Dr. Ing. habil.
Prof. Mag.
Prok. DI. Dr.

R
RA
RA MMag.
RAe.
RAin
REC.RAT
Rechtsanwalt
Reg. Dir.
Reg. Rat
Reg. Rat Ing.
Rekrut

S
Schulrat
Sektionschef
Senator
Senator Dipl. Ing. Dr.
SR Dr.
Staatsanwalt
Stabswachtmeister
StD

StR. Dr.
Studienrat

T
Technischer Rat
Tierarzt

U
Univ. Doz.
Univ. Doz. Dr.
Univ. Prof.
Univ. Prof. Dr.
Univ. Doz. MMag. DDr.
Univ. Lektor Prof. MMag

V
Veterinärrat
Vizebürgermeister
Vizedir.
Vizeleutnant

W
Wachtmeister

Z
Zahnarzt
Zugsführer

Ich bin dann mal weg!
I'll be on my way, then!

Österreich als Ausgangs- und Zielland für Wanderungsbewegungen / Austria as starting point and destination for migration movements

Belgien / Belgium **306**
Dänemark / Denmark **162**
Deutschland / Germany **17.774**
Finnland / Finland **328**
Frankreich / France **1.144**
Griechenland / Greece **1.201**
GB & Nordirland 1.225
United Kingdom & Northern Ireland
Irland / Ireland **176**
Italien / Italy **3.095**
Luxemburg / Luxembourg 96
Niederlande / Netherlands **868**
Portugal **693**
Schweden / Sweden 355
Spanien / Spain 1.430
Estland / Estonia **98**
Lettland / Latvia **360**
Litauen / Lithuania **292**
Malta 11
Polen / Poland **7.105**
Slowakei / Slovakia **5.957**
Slowenien / Slovenia **1.876**
Tschechische Republik 1.755
Czech Republic
Ungarn / Hungary **13.066**
Zypern / Cyprus **22**

ZUZÜGE AUS DEM AUSLAND / IMMIGRATION INTO AUSTRIA

WEGZÜGE IN DAS AUSLAND / EMIGRATION OUT OF AUSTRIA

Belgien / Belgium **208**
Dänemark / Denmark **130**
Deutschland / Germany **11.545**
Finnland / Finland **297**
Frankreich / France **832**
Griechenland / Greece **565**
GB & Nordirland / UK & Northern Ireland **1.042**
Irland / Ireland **118**
Italien / Italy **1.605**
Luxemburg / Luxembourg 67
Niederlande / Netherlands **681**
Portugal **342**
Schweden / Sweden **331**
Spanien / Spain 720
Estland / Estonia **56**
Lettland / Latvia **172**
Litauen / Lithuania **178**
Malta 9
Polen / Poland **3.686**
Slowakei / Slovakia **3.538**
Slowenien / Slovenia 908
Tschechische Republik 1.241
Czech Republic
Ungarn / Hungary **6.457**

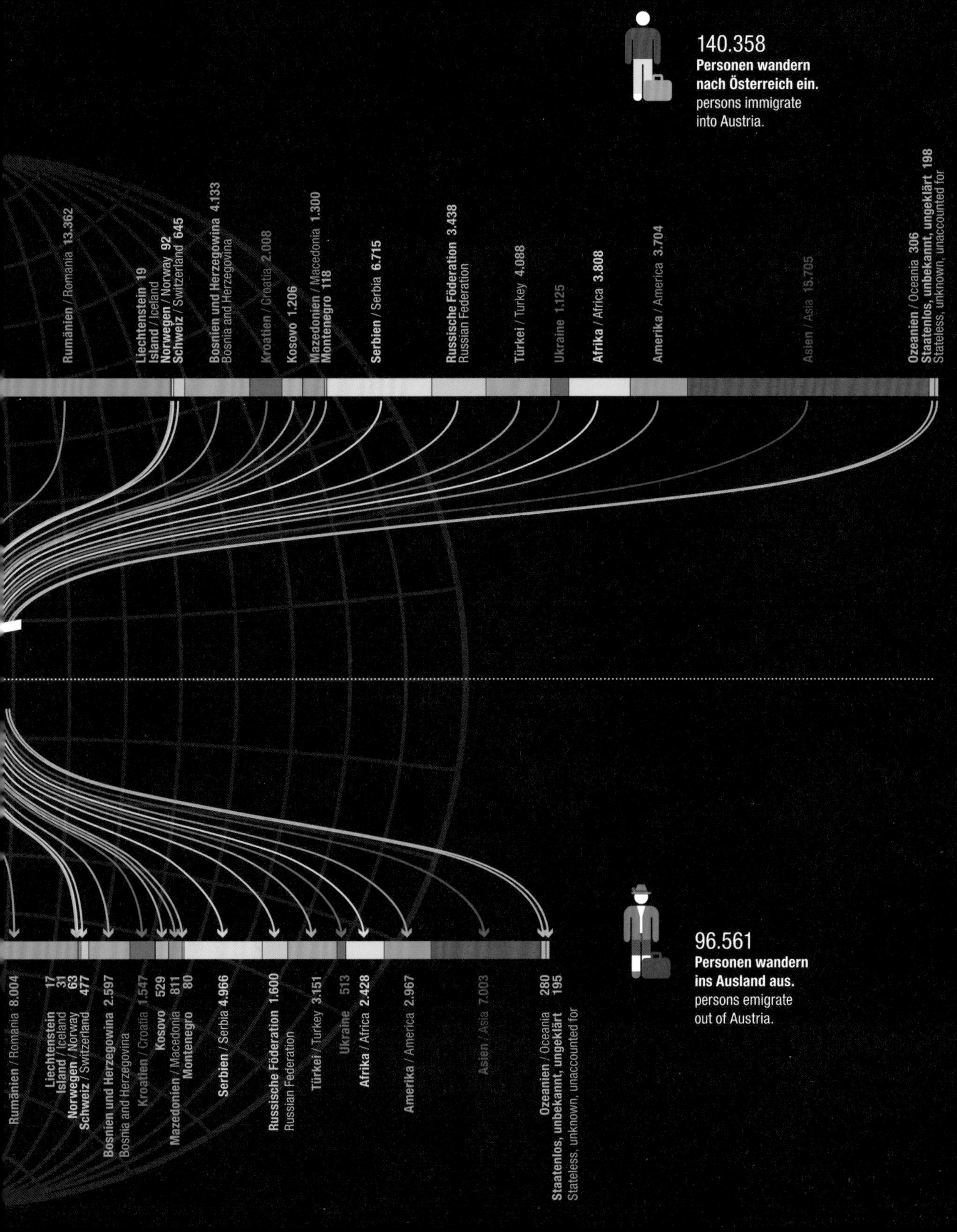

140.358
**Personen wandern
nach Österreich ein.**
persons immigrate
into Austria.

Rumänien / Romania 13.362

Liechtenstein 19
Island / Iceland
Norwegen / Norway 92
Schweiz / Switzerland 645

Bosnien und Herzegowina 4.133
Bosnia and Herzegovina

Kroatien / Croatia 2.008

Kosovo 1.206
Mazedonien / Macedonia 1.300
Montenegro 118

Serbien / Serbia 6.715

Russische Föderation 3.438
Russian Federation

Türkei / Turkey 4.088

Ukraine 1.125

Afrika / Africa 3.808

Amerika / America 3.704

Asien / Asia 15.705

**Ozeanien / Oceania 306
Staatenlos, unbekannt, ungeklärt 198**
Stateless, unknown, unaccounted for

96.561
**Personen wandern
ins Ausland aus.**
persons emigrate
out of Austria.

Rumänien / Romania 8.004

**Liechtenstein 17
Island / Iceland 31
Norwegen / Norway 63
Schweiz / Switzerland 477**

Bosnien und Herzegowina 2.597
Bosnia and Herzegovina

Kroatien / Croatia 1.547

Kosovo 529
Mazedonien / Macedonia 811
Montenegro 80

Serbien / Serbia 4.966

Russische Föderation 1.600
Russian Federation

Türkei / Turkey 3.151

Ukraine 513

Afrika / Africa 2.428

Amerika / America 2.967

Asien / Asia 7.003

**Ozeanien / Oceania 280
Staatenlos, unbekannt, ungeklärt 195**
Stateless, unknown, unaccounted for

Samstag, 12 Uhr
Saturday, 12 noon

Feuerwehren sind nicht nur ein wichtiger sicherheitspolitischer Faktor; das Feuerwehrfest gehört zum Jahreslauf wie der Probealarm zum Samstag. / Fire brigades are not only important in terms of safety policy; the Fire Brigade Festival is part of the year's schedule of events, along with the practice alarm on Saturday.

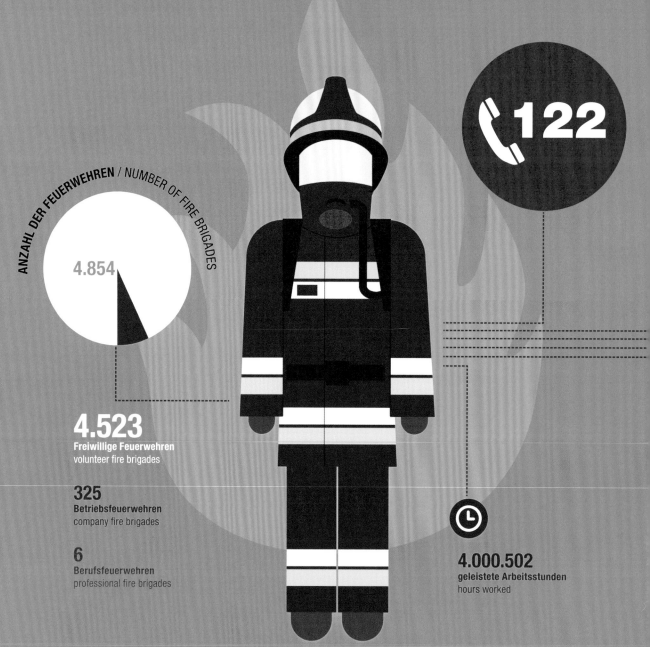

ANZAHL DER FEUERWEHREN / NUMBER OF FIRE BRIGADES

4.854

122

4.523
Freiwillige Feuerwehren
volunteer fire brigades

325
Betriebsfeuerwehren
company fire brigades

6
Berufsfeuerwehren
professional fire brigades

4.000.502
geleistete Arbeitsstunden
hours worked

FUHRPARK / FLEET

ca. **15.089**
Fahrzeuge
vehicles

1/33
**Auf 33 Österreicher kommt
ein aktiver Feuerwehrmann.**
There is one active firefighter
for every 33 Austrians.

 10.130
**gerettete Personen
pro Jahr**
persons rescued
annually

15.267
**gerettete Tiere
pro Jahr**
animals rescued
annually

ANZAHL FREIWILLIGER FEUERWEHRLEUTE / NUMBER OF VOLUNTEER FIREFIGHTERS

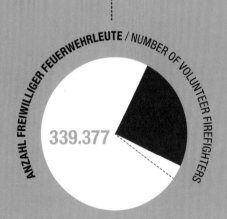

339.377

246.150
aktive Feuerwehrmitglieder
active firefighting members

davon Frauen
there of women
10.825

ANZAHL DER EINSÄTZE / NUMBER OF DEPLOYMENTS

249.781

ca. **28 pro Tag** / a day

 168.362
67,4 %
**technische Einsätze
und Katastropheneinsätze**
technical and disaster deployments

 57.994
23,2 %
Brandeinsätze
firefighting
deployments

23.425
9,4 %
**Brandsicherheits-
wachdienste**
fire watches

Wer die Wahl hat, hat die Qual.
Spoilt for choice

Stimmenstärkste Parteien in den Landtagen der Zweiten Republik / The parties
receiving the most votes in the provincial parliament elections in the Second Republic

ÖVP (Österreichische Volkspartei / Austrian People's Party)   SPÖ (Sozialistische/Sozialdemokratische Partei Österreich / Socialist/Social Democratic Party of Austria)

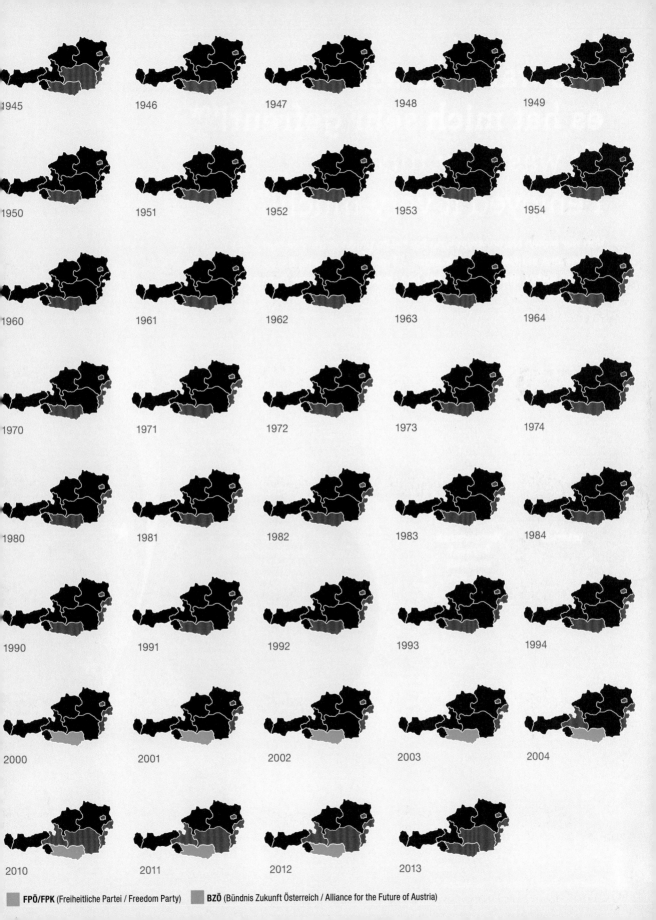

1945　　1946　　1947　　1948　　1949

1950　　1951　　1952　　1953　　1954

1960　　1961　　1962　　1963　　1964

1970　　1971　　1972　　1973　　1974

1980　　1981　　1982　　1983　　1984

1990　　1991　　1992　　1993　　1994

2000　　2001　　2002　　2003　　2004

2010　　2011　　2012　　2013

FPÖ/FPK (Freiheitliche Partei / Freedom Party)　　BZÖ (Bündnis Zukunft Österreich / Alliance for the Future of Austria)

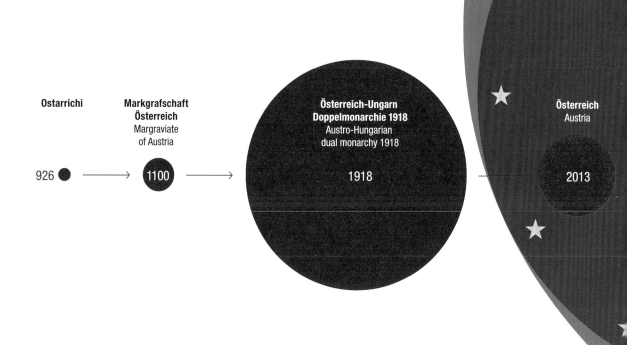

„Es war sehr schön, es hat mich sehr gefreut!"*

"It was very nice, I enjoyed it very much!"*

Von der ersten Namensnennung bis heute unterlag die Flächengröße Österreichs starken Schwankungen. / From the first time it was mentioned by name to today, the size of Austria has undergone extreme fluctuations.

Ostarrichi

Markgrafschaft Österreich
Margraviate of Austria

Österreich-Ungarn Doppelmonarchie 1918
Austro-Hungarian dual monarchy 1918

Österreich
Austria

926 ⟶ 1100 ⟶ 1918 2013

Deutschland
Germany

2013

Europäische Union
European Union

2013

Europa
Europe

2013

Gut erschlossen
My home is my castle.

1.311 Befestigungsanlagen sind wehrhafte Zeugen eines Volkes, das sein Erbe bis heute pflegt. / 1,311 fortifications are stalwart witnesses to a people that still watches over its heritage today.

 **28** **Wien** / Vienna

17 **Säle** / great halls

1.441 **Zimmer** / rooms

139 **Küchen** / kitchens

108 m^2 **Größtes Zimmer: Turmzimmer der Kaiserin Elisabeth** Largest room: tower room of Empress Elisabeth

Schloss Schönbrunn / Schönbrunn Palace

10.000 **Schlossbesucher pro Tag** palace visitors per day

160 ha **Parkfläche** / parking area

190 **Mieter im nichtmusealen Teil des Schlosses** tenants in the non-museum section of the palace

16,50 € **Eintrittspreis Erwachsene, Grand Tour mit Führung** Adult admission price for guided grand tour

 **60** 🏰
Burgenland

Wahrzeichen von Eisenstadt
Town landmark of Eisenstadt

Schloss Esterházy / Esterházy Palace

---

227 🏰
Kärnten / Carinthia

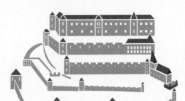

Konnte nie eingenommen werden.
Has never been captured.

Burg Hochosterwitz / Hochosterwitz Castle

---

312 🏰
Niederösterreich / Lower Austria

Jeden Sommer findet hier das *Große Barockfest* statt.
Setting each summer for the *Grand Baroque Festival*.

Schloss Hof / Hof Palace

---

319 🏰
Oberösterreich / Upper Austria

Ältestes Wohnschloss Österreichs
Oldest inhabited castle in Austria

Schloss Greinburg / Greinburg Castle

---

 109 🏰
Salzburg

Diente immer wieder als Filmkulisse, z. B. für den Hollywood-Spielfilm *Agenten sterben einsam*.
Often used as film backdrop, e.g. for the Hollywood movie *Where Eagles Dare*.

Festung Hohenwerfen / Hohenwerfen Castle

---

190 🏰
Steiermark / Styria

Ursprünglich *Styraburg*; gab dem Bundesland den Namen.
Originally called *Styraburg*; gave the Austrian province its name.

Schloss Lamberg / Lamberg Castle

---

46 🏰
Tirol / Tyrol

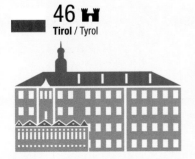

Ist auf der ersten silbernen Euro-Gedenkmünze abgebildet.
Embossed on the first silver commemorative euro coin.

Schloss Ambras / Ambras Castle

---

20 🏰
Vorarlberg

Fundstelle der beiden bedeutendsten Handschriften (A und C) des *Nibelungenliedes*
Two key manuscripts of the *Song of the Nibelungs* (A and C) were discovered in the palace library.

Palast Hohenems / Hohenems Palace

Kaiser-Rebus
Kaiser Rebus

Seit 1918 ist Österreich Demokratie, aber im österreichischen Alltag ist der Kaiser noch allgegenwärtig. / Austria has been a democracy since 1918, but the emperor (Kaiser) is still all-pervasive in everyday life.

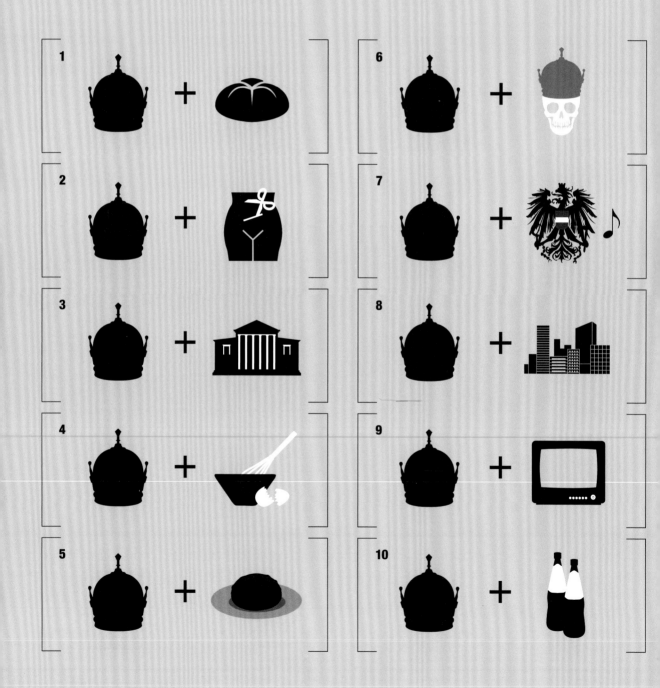

Lösungen / Solutions: **1** Kaisersemmel / Kaiser roll, hard roll, **2** Kaiserschnitt / Caesarean section, **3** Kaiservilla / Emperor's villa (Ischl), **4** Kaiserschmarrn (dish of cut-up pancakes with raisins), **5** Germknödel von Toni Kaiser / Jam-filled yeast dumplings made by Toni Kaiser, **6** Kaisergruft / Emperor's crypt, **7** Kaiserhymne / Emperor's hymn, **8** Kaisermühlen (Teil des 22. Wiener Gemeindebezirks / part of the 22th district of Vienna), **9** Wir sind Kaiser / We Are Emperor (satirische TV-Talkshow / satirical TV talkshow), **10** Kaiserwasser (Südtiroler Mineralwasser / South Tyrolean mineral water), **11** Kaisergugelhupf (Napfkuchen / Bundt cake), **12** Kaiserwalzer / Emperor's waltz, **13** Um des Kaisers Bart (streiten), (über Belanglosigkeiten diskutieren) / Fight about the Emperor's beard (to quarrel about trifles), **14** Kaiserfleisch (Bruststück oder Bauchfleisch vom Schwein / ham made only from the eye of the pork loin), **15** Kaiserkrone (Giftpflanze / poisonous plant), **16** Kaisermelange (siehe S. 88 f. / see p. 88 f.), **17** Kaisergebirge / Kaiser Mountains, **18** Kaiserwetter (strahlendes Sonnenwetter / sunny weather), **19** „Na servas Kaiser!" (Ausdruck des Erstaunens, etwa: „Meine Fresse!" / Expression of astonishment: "My goodness!"), **20** Kaiserbier (Biermarke / beer brand), **21** Roland Kaiser (leider kein österreichischer Schlagerstar / a popular singer, unfortunately not Austrian), **22** Käse-Kaiser (Auszeichnung für Käseproduzenten und/oder Händler / award for cheese producers and/or dealers)

Odyssee einer Kaiserin
An Empress's Odyssey

Herrscherinnen gab es viele, aber keine hinterließ so bleibende Spuren wie Elisabeth (Sisi) von Österreich-Ungarn: Bücher, Filme, Denkmäler ... und unzählige Mythen und Gerüchte. / History has seen a number of female sovereigns, but none left behind such a colourful legacy as Elisabeth (Sisi) of Austria-Hungary, including books, films, monuments ... and countless myths and rumours.

Max Joseph
(1808–1888)
+ Ludovika Wilhelmine
(1808–1892)

Franz Joseph I.
(1830–1916)

Gisela
Louise Marie
(1856–1932)

Rudolf Franz
Karl Joseph
(1858–1889)

Sophie
Friederike
(1855–1857)

Marie Valerie
Mathilde Amalie
(1868–1924)

?

Schönheitskult
Cult of beauty

Diäten
Diets

Leidenschaft 1: Pferde
No. 1 passion: horses

* 24.12.1837
München / Munich

50 kg
Haare / hair

1854

46 cm

45 kg

Graf Gyula Andrássy
Count Gyula Andrássy

**Kaiserin von Österreich
und Apostolische Königin
von Ungarn**
Empress of Austria and
Apostolic Queen of Hungary

Turnübungen
Gymnastics

Leidenschaft 2:
Reisen
No. 2 passion: travel

Selbstmord / Suicide
Kronprinz Rudolf / Crown Prince
+ Mary Vetsera

Mörder / Murderer:
Luigi Lucheni
(italienischer
Anarchist
Italian anarchist**)**

Kapuzinergruft
Capuchin Crypt

Franz Joseph I.
+ Katharina Schratt

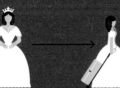

Stets blass
Always pale

Korfu / Corfu, **Madeira, Troja** / Troy,
Kleinasien / Asia Minor, **Türkei** / Turkey,
Afrika / Africa, **Ungarn** / Hungary

ab 1889:
Garderobe schwarz
from 1889:
black attire only

† 10.09.1898
Genf / Geneva

Flucht vom Wiener Hof
Flight from Viennese court

Leidenschaft 3:
Schreiben
No. 3 passion: writing

Alibi Lungenschwindsucht
Tuberculosis as alibi

1.054 **Druckschriften**
printed texts

16 **Filme** / films

3 **Musicals**
1 **Operette** / operetta

10 **Plätze in Wien**
squares in Vienna
14 **Denkmäler weltweit**
monuments worldwide

Pferdchen lauf Galopp!
All the king's horses

In der Spanischen Hofreitschule in Wien werden in ca. 70 Vorstellungen pro Jahr die sechs Figuren der klassischen Reitkunst vorgeführt. / At the Spanish Riding School in Vienna the six movements of classical dressage are presented in some 70 performances per year.

 430 Jahre / years

 72 Hengste / stallions

 20 Bereiter / riders

 **> 300.000** Besucher pro Jahr / visitors a year

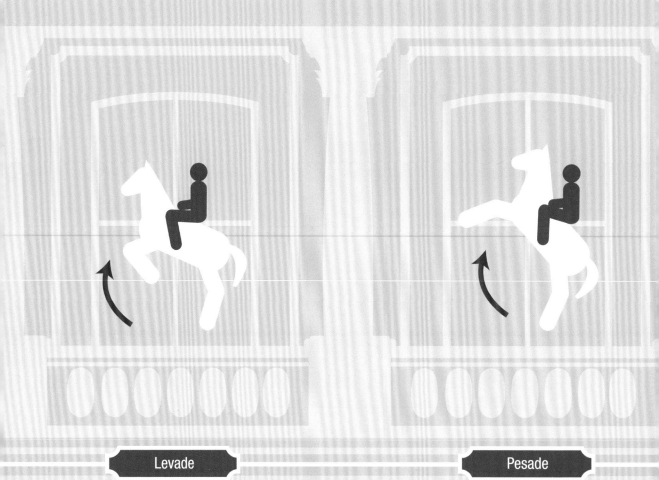

Levade

Pesade

Croupade

Ballotade

Kapriole

Courbette

Es kreucht und fleucht ...
All creatures great and small ...

Eine Bevölkerungsstatistik Österreichs / Austrian population statistics

367.500
Bienenvölker / bee colonies

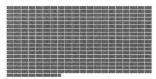

392
Storchenpaare / pairs of storks

64.000
Meerschweinchen / guinea pigs

1.500.000
Katzen / cats

581.000
Hunde / dogs

4.600.000
Goldfische / goldfishes

1.955.618
Rinder / cattle

87.072
Pferde / horses

30.000
Goldhamster / golden hamsters

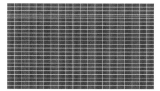

3.247.180
Schweine / pigs

10.229.408
Plüschtiere / cuddle toys

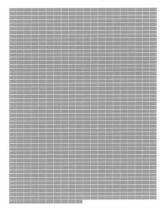

8.401.940
Homo sapiens / homo sapiens

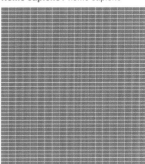

73.212
Ziegen / goats

65.000
Zwerghasen / dwarf rabbits

39.372
Gänse / geese

18.453.377.800.000
Regenwürmer / earthworms

X 1.000.000

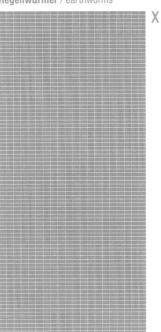

364.645
Schafe / sheep

2
Pandabären / giant pandas

13.918.813
Hühner / chickens

Aufs Korn genommen
In their sights

Wie viele Jägerinnen und Jäger, Autofahrerinnen und Autofahrer sind wann wem hinterher? /
How many hunters and car drivers are chasing what when?

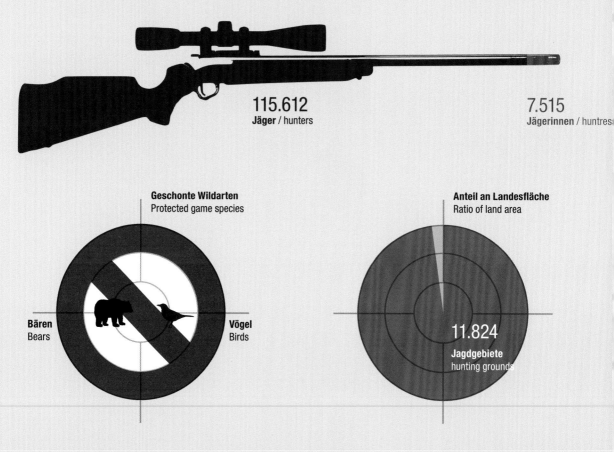

115.612
Jäger / hunters

7.515
Jägerinnen / huntres«

Geschonte Wildarten
Protected game species

Bären
Bears

Vögel
Birds

Anteil an Landesfläche
Ratio of land area

11.824
Jagdgebiete
hunting grounds

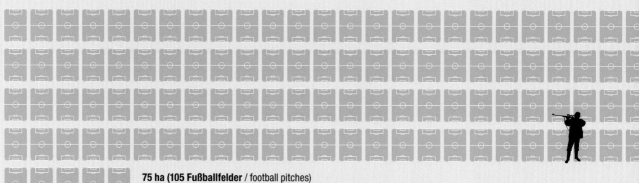

75 ha (105 Fußballfelder / football pitches)
Durchschnittliche Jagdfläche pro Jäger / Average hunting area per hunter

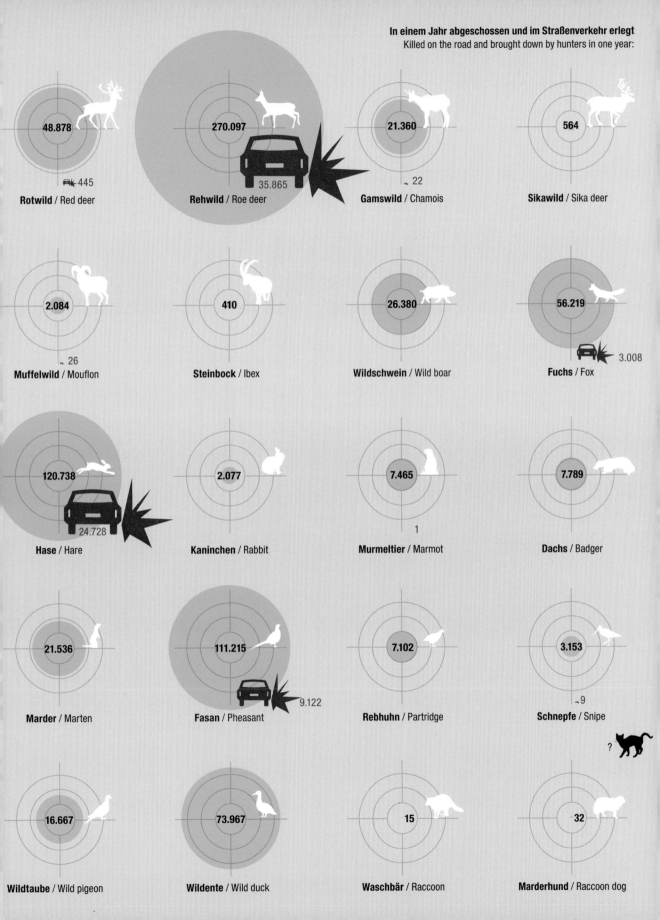

In einem Jahr abgeschossen und im Straßenverkehr erlegt
Killed on the road and brought down by hunters in one year:

48.878
445
Rotwild / Red deer

270.097
35.865
Rehwild / Roe deer

21.360
22
Gamswild / Chamois

564
Sikawild / Sika deer

2.084
26
Muffelwild / Mouflon

410
Steinbock / Ibex

26.380
Wildschwein / Wild boar

56.219
3.008
Fuchs / Fox

120.738
24.728
Hase / Hare

2.077
Kaninchen / Rabbit

7.465
1
Murmeltier / Marmot

7.789
Dachs / Badger

21.536
Marder / Marten

111.215
9.122
Fasan / Pheasant

7.102
Rebhuhn / Partridge

3.153
9
Schnepfe / Snipe

?

16.667
Wildtaube / Wild pigeon

73.967
Wildente / Wild duck

15
Waschbär / Raccoon

32
Marderhund / Raccoon dog

Bäume wachsen in den Himmel
Can't see the forest for the trees

Der Waldbestand in Österreich / The forests of Austria

50,7 % Fichte spruce

3.400.000.000 Bäume / trees

12,1 % Blöße, Lücke und Sträucher blanks, gaps and shrubs

10 % Buche beech

5,1 % Kiefer pine

2,4 % Tanne fir

2 % Eiche oak

13,1 % Sonstige others

4,6 % Lärche larch

WIE GROSS SIND ÖSTERREICHS WÄLDER? / HOW BIG ARE AUSTRIA'S FORESTS?

3.963.000 ha

Bewaldungsgrad der Bundesländer
Degree of forestation of the Austrian provinces

40 % Niederösterreich / Lower Austria

42 % Oberösterreich / Upper Austria

22 % Wien / Vienna

53 % Salzburg

61 % Steiermark / Styria

34 % Burgenland

38 % Vorarlberg

41 % Tirol / Tyrol

61 % Kärnten / Carinthia

830.000 ha
Schutzwald
protective forest

Ca. 0,5 ha Wald
pro Einwohner
Approx. 0.5 ha forest
per inhabitant

48 %
Österreich insgesamt
Austria in total

Holzvorrat / Wood reserves

1.000.000.000 m³

Die Eigentümer der Wälder
Owners of the forests

1,27 %
Landeswald
provincial forest

2,73 %
Gemeindewald
(Vermögenswald)
community forest
(asset forest)

70,13 %
Privatwald
(inkl. Kirchenwald)
private forest
(incl. church-owned
forest)

15,96 %
Österreichische
Bundesforste und
sonstiger öffentlicher Wald
Austrian national forests
and other public forests

9,91 %
Gemeinschaftswald
community forest

145.000 Waldbesitzer/-innen / forest owners

Verdunstung / Evaporation

475.560.000 m³
Wasser / water

× 2🕐 =

oder fast das Volumen
des Mondsees verdunstet
der Österreichische Wald in 2 Tagen.
or almost the volume of Moon Lake
evaporates from Austria's forests
in 2 days.

Das Land der Berge
The land of mountains

75% der Österreicher sind stolz auf die heimische Landschaft. /
75% of Austrians are proud of their country's landscape.

DIE ZEHN HÖCHSTEN BERGE ÖSTERREICHS UND WER SIE ZUERST BESTIEGEN HAT
THE TEN HIGHEST MOUNTAINS IN AUSTRIA AND WHO CLIMBED THEM FIRST

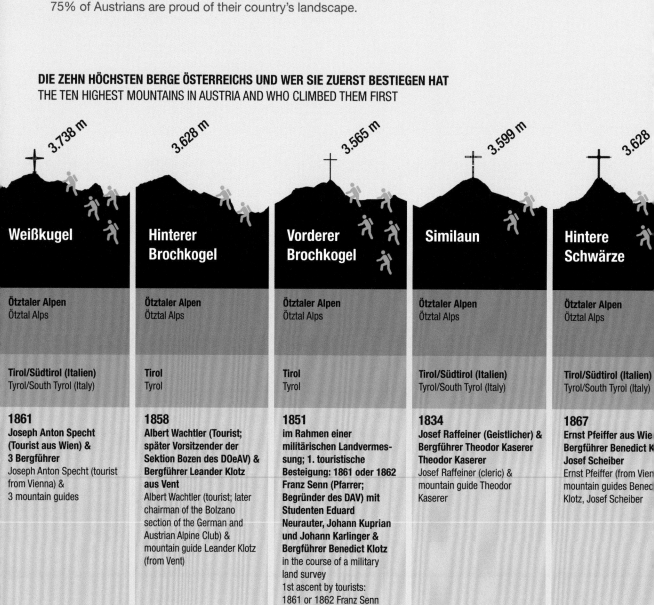

Weißkugel	Hinterer Brochkogel	Vorderer Brochkogel	Similaun	Hintere Schwärze
3.738 m	3.628 m	3.565 m	3.599 m	3.628
Ötztaler Alpen / Ötztal Alps	Ötztaler Alpen / Ötztal Alps	Ötztaler Alpen / Ötztal Alps	Ötztaler Alpen / Ötztal Alps	Ötztaler Alpen / Ötztal Alps
Tirol/Südtirol (Italien) / Tyrol/South Tyrol (Italy)	Tirol / Tyrol	Tirol / Tyrol	Tirol/Südtirol (Italien) / Tyrol/South Tyrol (Italy)	Tirol/Südtirol (Italien) / Tyrol/South Tyrol (Italy)
1861 **Joseph Anton Specht (Tourist aus Wien) & 3 Bergführer** Joseph Anton Specht (tourist from Vienna) & 3 mountain guides	**1858** **Albert Wachtler (Tourist; später Vorsitzender der Sektion Bozen des DOeAV) & Bergführer Leander Klotz aus Vent** Albert Wachtler (tourist; later chairman of the Bolzano section of the German and Austrian Alpine Club) & mountain guide Leander Klotz (from Vent)	**1851** **im Rahmen einer militärischen Landvermessung; 1. touristische Besteigung: 1861 oder 1862 Franz Senn (Pfarrer; Begründer des DAV) mit Studenten Eduard Neurauter, Johann Kuprian und Johann Karlinger & Bergführer Benedict Klotz** in the course of a military land survey 1st ascent by tourists: 1861 or 1862 Franz Senn (pastor; founder of the German Alpine Club) with students Eduard Neurauter, Johann Kuprian, Johann Karlinger & mountain guide Benedict Klotz	**1834** **Josef Raffeiner (Geistlicher) & Bergführer Theodor Kaserer** Josef Raffeiner (cleric) & mountain guide Theodor Kaserer	**1867** **Ernst Pfeiffer aus Wie Bergführer Benedict K Josef Scheiber** Ernst Pfeiffer (from Vien mountain guides Bened Klotz, Josef Scheiber

1.540
Berg- und Skiführer
mountain and ski guides

5.045
Gipfel 2.000–2.999 m
peaks 2.000–2.999 m

14
8.000er hat die Österreicherin Gerlinde Kaltenbrunner ohne Sauerstoffzufuhr als erste Frau bestiegen.
8.000ers were climbed by the Austrian Gerline Kaltenbrunner without supplementary oxygen – the first woman to do so.

davon 21
Bergführerinnen
thereof 21 women

731
Gipfel über 3.000 m
peaks > 3.000 m

280 €
empfohlener Tagessatz für einen Bergführer
Recommended daily rate for a mountain guide

3.768 m

...dspitze

...ler Alpen
" Alps

8
...der Klotz
...führer aus Rofen) &
...nbekannter Bauer
...der Klotz (mountain ...e from Rofen) & ...own farmer

3.662 m

Großvenediger

Venedigergruppe (Hohe Tauern)
Venediger Group (High Tauern)

Tirol/Salzburg
Tyrol/Salzburg

1841
Ignaz von Kürsinger (Jurist), Paul Rohregger, Dr. Anton von Ruthner (Geograf und Jurist aus Wien, später Mitbegründer des Österreichischen Alpenvereins, Dr. Franz Spitaler & Bergführer Josef Schwab, Franz Scharler
Ignaz von Kürsinger (lawyer), Paul Rohregger, Dr. Anton von Ruthner (geographer and lawyer from Vienna, later co-founder of the Austrian Alpine Club), Dr. Franz Spitaler & mountain guides Josef Schwab, Franz Scharler

360 €
Tarif Bergsportführer für Normalweg (Kürsingerhütte)
Rate for mountaineering guide for regular trail (to Kürsingerhütte hut)

3.721 m

Glocknerwand

Glocknergruppe (Hohe Tauern)
Glockner Group (High Tauern)

Kärnten/Tirol
Carinthia/Tyrol

1872
Josef Pöschl (Alpinist aus Wien) & Bergführer Josef Kerer, Peter Groder
Josef Pöschl (alpinist from Vienna) & mountain guides Josef Kerer, Peter Groder

450 €
Tarif Bergsportführer für Glocknerwand-Überschreitung (IV)
Rate for mountaineering guide for Glocknerwand traverse (level IV)

3.798 m

Großglockner

Glocknergruppe (Hohe Tauern)
Glockner Group (High Tauern)

Kärnten/Tirol
Carinthia/Tyrol

1800
Mathias Hautzendorfer (Pfarrer in Rangersdorf) & 4 Bauern und Zimmerleute aus Heiligenblut
Mathias Hautzendorfer (pastor in Rangersdorf) & 4 farmers and carpenters from Heiligenblut

450 €
Tarif für einen Bergführer, bei einer Person, für klassischen Aufstieg über das Hofmannskees (Führung ab Tal, 2 Tage) / Rate for a mountain guide for 1 person making the classic ascent over the Hofmannskees glacier (starting from valley, 2 days)

3.564 m

Großes Wiesbachhorn

Glocknergruppe (Hohe Tauern)
Glockner Group (High Tauern)

Salzburg
Salzburg

Ende des 18. Jahrhunderts, 2 Bauern (Zanker und Zorner) aus Fusch
End of the 18th century 2 farmers (Zanker and Zorner) from Fusch

Stille Wasser sind tief
Still waters run deep

Trinkwasserverbrauch sowie Form und Größe der zehn größten Seen /
Drinking water consumption and the shape and size of the ten largest lakes

135 l
Wasserverbrauch
pro Kopf und Tag
Daily per capita
water consumptio

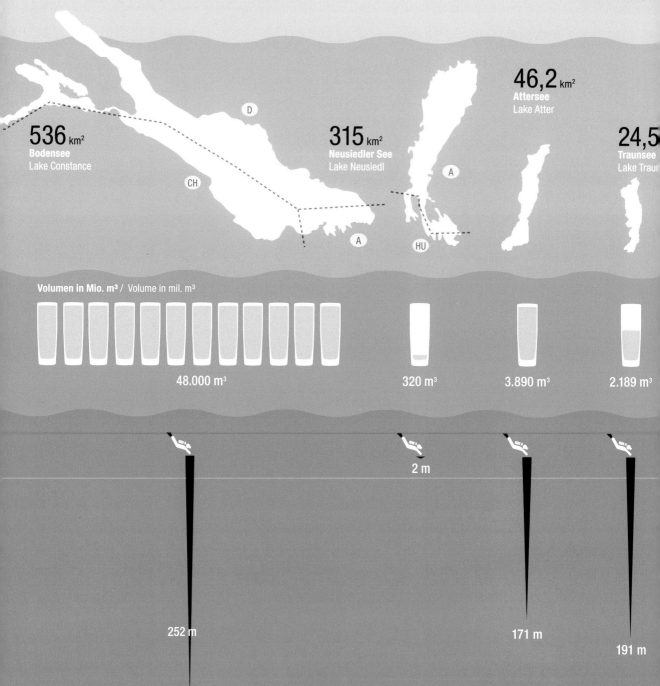

536 km²
Bodensee
Lake Constance

D

CH

A

315 km²
Neusiedler See
Lake Neusiedl

A

HU

46,2 km²
Attersee
Lake Atter

24,5
Traunsee
Lake Traun

Volumen in Mio. m³ / Volume in mil. m³

48.000 m³

320 m³

3.890 m³

2.189 m³

2 m

252 m

171 m

191 m

34 %	**22 %**	**17 %**	**7 %**	**6 %**	**5 %**	**3 %**	**6 %**
Duschen und Baden Showering and bathing	**Toilettenspülung** Toilet flushing	**Wäsche waschen** Laundry	**Persönliche Hygiene** Personal hygiene	**Geschirr spülen** Washing up	**Putzen** Cleaning	**Trinken und Kochen** Drinking and cooking	**Anderes** Other

19,4 km²	**13,8** km²	**13,4** km²	**12,9** km²	**10,4** km²	**8,2** km²
Wörthersee Lake Wörth	**Mondsee** Moon Lake	**Millstätter See** Lake Millstatt	**Wolfgangsee** Lake Wolfgang	**Ossiacher See** Lake Ossiach	**Hallstätter See** Lake Hallstatt

816 m³	497 m³	1.205 m³	667 m³	206 m³	558 m³

85,2 m	68 m	140 m	114 m	52 m	125 m

Eine Insel der Seligen?
An island of the blessed?

Viele Orts- und Bergnamen müssen eine lange Geschichte haben oder ihre
Bewohner viel Humor. / Many town or mountain names must either have a long
history behind them or inhabitants with a great sense of humour.

SMS St. Georg

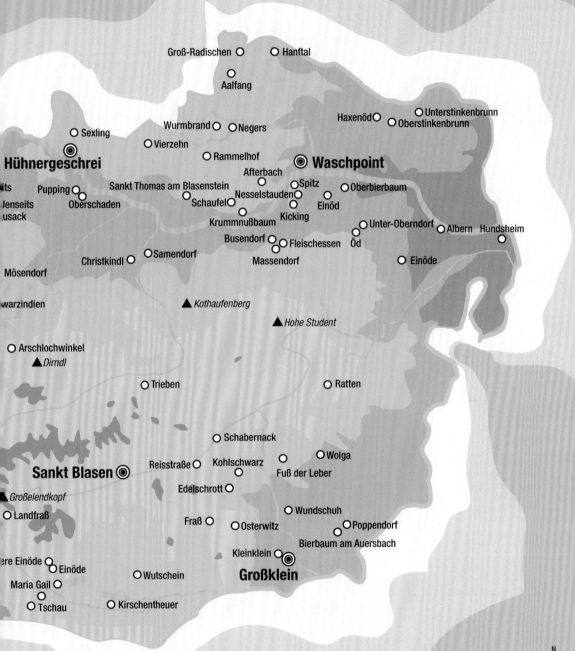

Groß-Radischen O   O Hanftal

O
Aalfang

Haxenöd O   O Unterstinkenbrunn
Wurmbrand O   O Negers   O Oberstinkenbrunn

O Sexling
Vierzehn O
◎
Hühnergeschrei   O Rammelhof   ◎ **Waschpoint**
Afterbach
its   O
Pupping O   Sankt Thomas am Blasenstein   O Spitz   O Oberbierbaum
Jenseits   O   Nesselstauden O
usack   Oberschaden   Schaufel O   Einöd
O   O
Krummnußbaum   Kicking
Busendorf O   O Unter-Oberndorf   O Albern   Hundsheim
O Fleischessen   O
Christkindl O   O Samendorf   O Öd
Mösendorf   Massendorf   O Einöde

warzindien   ▲ *Kothaufenberg*

▲ *Hohe Student*

O Arschlochwinkel
▲ *Dirndl*

O Trieben   O Ratten

O Schabernack

Reissstraße O   O Kohlschwarz   O   O Wolga
O   Fuß der Leber
Edelschrott O

Wundschuh
Sankt Blasen ◎   O
▲ *Großelendkopf*   O Poppendorf
O Landfraß   Fraß O   O Osterwitz   Bierbaum am Auersbach

ere Einöde O   Kleinklein O◎
O Einöde   O Wutschein   **Großklein**
Maria Gail O
O Tschau   O Kirschentheuer

Machos, heißer Sex und Beauties
Machos, hot sex und beauty queens

Seit 1990 blüht das Geschäft mit den Wunschkennzeichen – rund 230 Euro sind dafür zu blechen. /
The vanity plate business has been booming since 1990 – at around 230 euros a plate.

A	S 🛡 TARK 1		A	TU 🛡 EDEL 1		A	W🛡 DODL 1
A	KB 🛡 SKI 1		A	SP 🛡 ORT 1		A	W🛡 BJUTY 1
A	W🛡 ITSME 1		A	RO 🛡 AUDI 6		A	KU 🛡 NST 1
A	G 🛡 PROF 1		A	S 🛡 TORTE 1		A	W🛡 FESCH 1
A	BL 🛡 OWJO 8		A	BA 🛡 ERLI 1		A	L 🛡 MACHO 1
						A	HB 🛡 THAI 1
						A	W🛡 INNE 2
						A	FE 🛡 SAU 1
						A	BZ 🛡 HOT 6

6.299.756

Kraftfahrzeuge
motor vehicles

18.173

Wunschkennzeichen
vanity plates

X ♥ XXX

A W🛡 FOLIO 1

DO LM 1	MD LMAA 1	MA USI 1
B RAUN 1	ZE SEE 1	ZT GOGO 1
ND OPER 1	VK PUDL 1	VI ONLY 1
W WYSLO 1	K WURST 1	UU JAGA 1
VB BEST 1	W OSTOK 1	RA MBO 2
W ILOVE 6	P FIRST 1	ME OO 7
HA BT 8	VL OEVP 1	JO DLER 1
MI WEIN 1	MU HANS 1	I STADT 1
VO GEL 1	W LOSMI 4	LZ MAMA 1
W AAAAA 5	WU LUST 1	IL HIAS 2
OP COOL 6	I TALIA 1	HO HASI 1
HE GIB 8	LL VIP 1	GF LAW 1

Des schau ma si an!

Why, isn't that interesting?

„Was Deutschland und Österreich trennt, ist die gemeinsame Sprache." (Karl Farkas) /
"What divides Germany and Austria is their common language." (Karl Farkas)

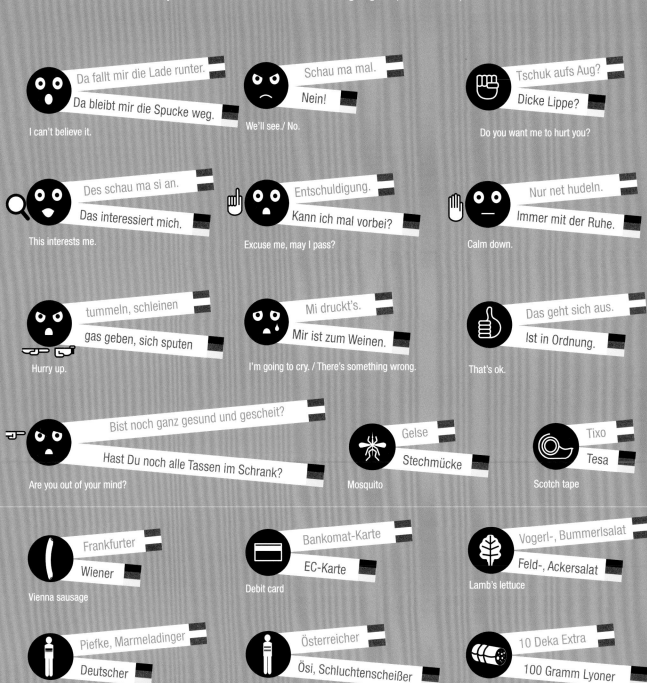

Da fallt mir die Lade runter.
Da bleibt mir die Spucke weg.
I can't believe it.

Schau ma mal.
Nein!
We'll see./ No.

Tschuk aufs Aug?
Dicke Lippe?
Do you want me to hurt you?

Des schau ma si an.
Das interessiert mich.
This interests me.

Entschuldigung.
Kann ich mal vorbei?
Excuse me, may I pass?

Nur net hudeln.
Immer mit der Ruhe.
Calm down.

tummeln, schleinen
gas geben, sich sputen
Hurry up.

Mi druckt's.
Mir ist zum Weinen.
I'm going to cry. / There's something wrong.

Das geht sich aus.
Ist in Ordnung.
That's ok.

Bist noch ganz gesund und gescheit?
Hast Du noch alle Tassen im Schrank?
Are you out of your mind?

Gelse
Stechmücke
Mosquito

Tixo
Tesa
Scotch tape

Frankfurter
Wiener
Vienna sausage

Bankomat-Karte
EC-Karte
Debit card

Vogerl-, Bummerlsalat
Feld-, Ackersalat
Lamb's lettuce

Piefke, Marmeladinger
Deutscher
German

Österreicher
Ösi, Schluchtenscheißer
Austrian

10 Deka Extra
100 Gramm Lyoner
100 grams Lyoner

	Austrian	Standard German
Beer mug	Krügerl, Seiderl	0,5 / 0,3 l Bier
Run	laufen	joggen
Walk	gehen	laufen
Tomato	Paradeiser	Tomate
Outfit	Panier	Panade, elegantes Outfit
Cauliflower	Karfiol	Blumenkohl
Ground meat	Faschiertes	Hackfleisch
Powdered sugar	Staubzucker	Puderzucker
Wardrobe	Kasten	Schrank
Chair	Sessel	Stuhl
Armchair	Fauteuil	Sessel
Fridge	Eiskasten	Kühlschrank
Dry cleaning	Putzerei	Reinigung
Trash can	Mistkübel	Mülleimer
Move	Übersiedlung	Umzug
Nightcap	Fluchtachterl	Absacker
Upstart	Gespritzter	Schnösel
Spritzer	weißer Spritzer	Weißweinschorle
Cream	Obers	Sahne
Pillow	Polster	Kissen
Bobby	Kiberer, Kiwara	Bulle
Plastic bag	Sackerl	Tüte

Entschuldigung, wo bitte geht es nach ...?

Can you please give me directions to ...?

Hinter meiner, vorder meiner, links, rechts güts nix.* /
Behind me, in front of me, left, right, it doesn't matter.*

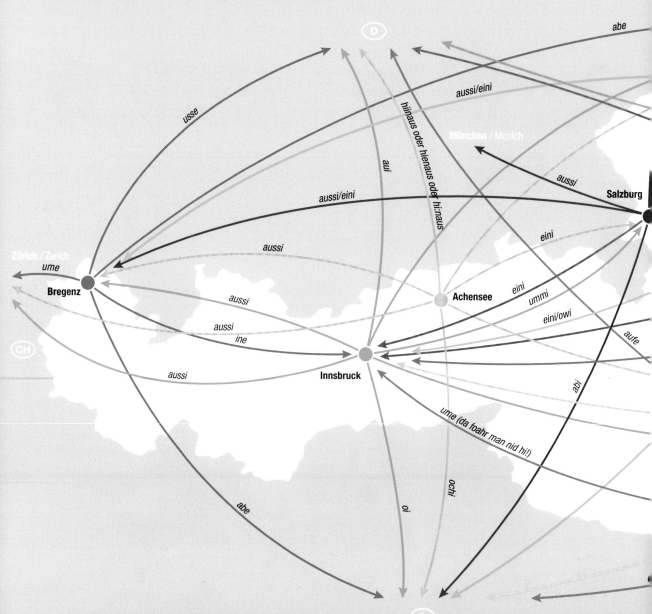

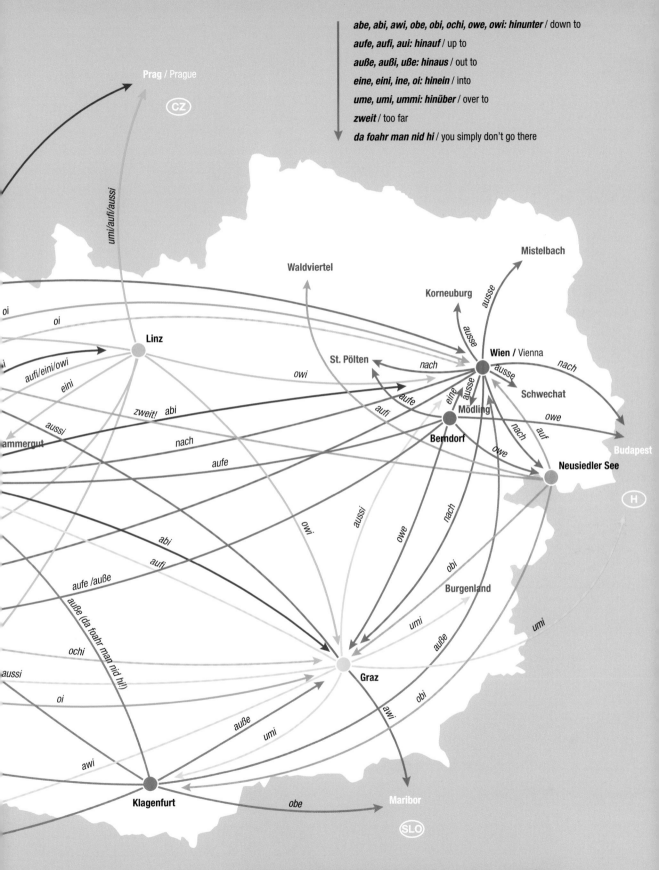

abe, abi, awi, obe, obi, ochi, owe, owi: hinunter / down to
aufe, aufi, aui: hinauf / up to
auße, außi, uße: hinaus / out to
eine, eini, ine, oi: hinein / into
ume, umi, ummi: hinüber / over to
zweit / too far
da foahr man nid hi / you simply don't go there

Prag / Prague

CZ

Mistelbach

Waldviertel

Korneuburg

Wien / Vienna

Linz

St. Pölten

ausse

ausse

nach

umi/aufi/aussi

oi

oi

owi

nach

Schwechat

owe

Mödling

eine

ausse

aufe

aufi

Berndorf

nach

auf

Budapest

Neusiedler See

H

owe

oi

aufi/eini/owi

eini

zweit!

abi

aussi

nach

aufe

abi

aufi

aufe /auße

auße (da foahr man nid hi!)

ochi

owi

aussi

owe

nach

obi

Burgenland

umi

auße

umi

aussi

oi

awi

obi

awi

Graz

Klagenfurt

obe

Maribor

SLO

* Zeile aus dem berühmten Protestlied „Sein Köpferl im Sand" von Arik Bauer
Line from a famous protest song by Arik Brauer, "Sein Köpferl im Sand" (His Head in the Sand)

Mostschädel und Funsn
Cider-heads and shrews

Bezeichnungen für weniger geschätzte Mitmenschen / Name-calling

Kärnten
Carinthia

1) Flunkernde Weibsperson / Lying woman, **2) Schlingel, Schelm, kleiner Gauner** / Rascal, prankster, small-time crook, **3) Feiger Mensch, Kleinkind** Coward, little child, **4) Knabe mit struppigem, ungepflegtem Haar** / Boy with shaggy, unkempt hair, **5) Sich überlegen fühlender Wiener** Arrogant Viennese, **6) Dicker Mensch** / Fat person, **7) Fluchwort** / Curse

Didl [1] Spitzpube [2] Hosnschaißa [3] Strubelpeter [4] Wienerpazi [5] Pakoner [6] Kruzitürken [7]

Trompe [8] Schtrawantza [9] Pätznlippl,-ö [10] Saofåck [11] Afelarsch [12] Plunder [13] Dalkendippel [14]

Aufgestellter Heandreck [15] Laosme(n)sch [16] Spucktruhe [17] Pfnutsche [18] Kota...

Pafian [22] Mostsche(d)l [23] Weintätschker [24] Trabant [25] Trotsche...

Pamperling [29] Hosensoacher [30] Kräen-As [31] Mondscheinpappe...

Trankdese [36] Hådalump [37] Urschel [38] Teigaffe [39] Trucht...

Stoffel [43] Kujon [44] Sauloch [45] Trümmler [46] Boller...

Biesgurn [50] Assel [51] Blunzn [52] Gleschn [53] Sandl [5...

Hepin [57] Padler [58] Mülibatschn [59] Laischn [60] Kommispumpf...

Åfnboidl [64] Grischpindl [65] Gretzn [66] Hididl [67] Scheißputte...

64) Lächerlicher Mann / Ridiculous man, **65) Schwächlicher, auch in der Entwicklung zurückgebliebener Mensch** / Weakling, but also underdeveloped person, **66) Boshaftes Kind, boshafter Mensch** / Naughty child, evil person, **67) Ungeschickte Frau** / Clumsy woman, **68) Furzende Frau** / Woman with flatulence, **69) Alte Frau** / Old woman, **70) Hässlicher Mann** / Ugly man

8) Ungeschickte Frau
Clumsy woman,
9) Herumziehender, leichtfertiger Mann / Rogue, **10) Schmierfink**
Mucky pup, **11) Träge Frau** / Lazy woman, **12) Einfältiger, beschränkter, unbeholfener Mensch** / Simpleton, klutz, **13) Schmutziger Mensch**
Slovenly person, **14) Leicht reizbare, aufgebrachte Person**
Irritiable, infuriated person

15) Gernegroß, Möchtegern / Show-off, wannabe, **16) Vorlautes Mädchen**
Cheeky girl, **17) Alte, widerwärtige Ehefrau** / Vile old wife, **18) Geschminktes Frauenzimmer** / Woman wearing garish make-up, **19) Blöder, läppischer Mensch, der alles nachahmen will** / Silly, boorish person; mimic, ape, **20) Unbeholfene, ungeschickte Frau** / Clumsy, inept woman, **21) Mensch mit schwachem Geist** / A weak-minded person

Wien / Vienna

...ödae 20 Daschapperl 21

Steiermark Styria

...nspäutel 27 Tolli 28

Salzburg

...uerntockel 33 Fummel 34 Kuttenbrunzer 35

22) Dummer Mensch, Tölpel / Dupe, dolt, **23) Sturer Mensch, abwertend für Oberösterreicher** / Stubborn person, pejorative term for Upper Austrians, **24) Säufer** / Drunkard, **25) Plumpe, ungeschickte Frau** / Coarse, clumsy woman, **26) Dumme Frau** / Stupid woman, **27) Weinerliche, dauernd jammernde Person** / Whinger, **28) Unbeholfener, einfältiger Mann** / Inept simpleton

29) Kleines Kind
Toddler, **30) Schwächling, Feigling** / Weakling, coward, **31) Durchtriebenes, liederliches Weibsbild; ungezogenes Kind**
Scheming, nasty woman; naughtly child, **32) Person mit rundem, breitem Gesicht**
Person with moon-shaped face, **33) Dummer Mann bäuerlicher Herkunft**
Stupid peasant, **34) Unangenehmes Weib** / Disagreeable woman, **35) Mönch** / Monk

Tirol Tyrol

...chomp 41 Tenderling 42

Vorarlberg

...nzel 48 Arschpuderer 49

36) Alkoholiker
Alcoholic, **37) Leichtsinniger Mensch** / Bum, scallywag, **38) Dumme Frau, dummes Mädchen**
Stupid woman or girl, **39) Bäcker**
Baker, **40) Frau, behäbige alte Person**
Woman, sedate elderly person, **41) Unsaubere, „lumpig" aussehende Person** / Someone who looks scruffy and shabby, **42) Faulpelz**
Lazybones

43) Einfältiger, unbeholfener Mann
Simple-minded, clumsy man, **44) Schlingel, durchtriebener Kerl**
Rascal, smooth customer, **45) Schmutziges, sittlich verdorbenes Weibsbild** / Hussy, **46) Einfältiger Mann** / Simple-minded man, **47) Polizist** / Polizist, **48) Frau**
Woman, **49) Homosexueller**
Homosexual

Burgenland

...nsn 55 Bodhur 56

Oberösterreich Upper Austria

...senprunzer 62 Prettelaffe 63

50) Frau mit üblem Mundwerk / Fishwife, **51) Ältliches, unschönes, schmieriges Frauenzimmer** / Old, ugly, slovenly woman, **52) Fettes, dummdreistes Mädchen** / Fat, stupid, cheeky girl, **53) Aufreizendes Frauenzimmer** / Sexy woman, **54) Ungepflegte, unsauber arbeitende Frau** / Blowsy woman who does sloppy work, **55) Missliebiges Frauenzimmer** Shrew, termagant, **56) Schamloses Weibsbild**
Shameless hussy

57) Hoffärtiges Mädchen / Arrogant girl, **58) Empfindliche (leicht beleidigte) Frau** / Sensitive (easily offended) woman, **59) Kuh** / Cow, **60) Unternehmungslustiges, leichtfertiges Mädchen** / Adventurous, frivolous girl, **61) Rekrut** / Recruit, **62) Feigling** / Coward, **63) Ungeschickter Mensch**
Clumsy person

Niederösterreich Lower Austria

...arztrummel 69 Kropftauber 70

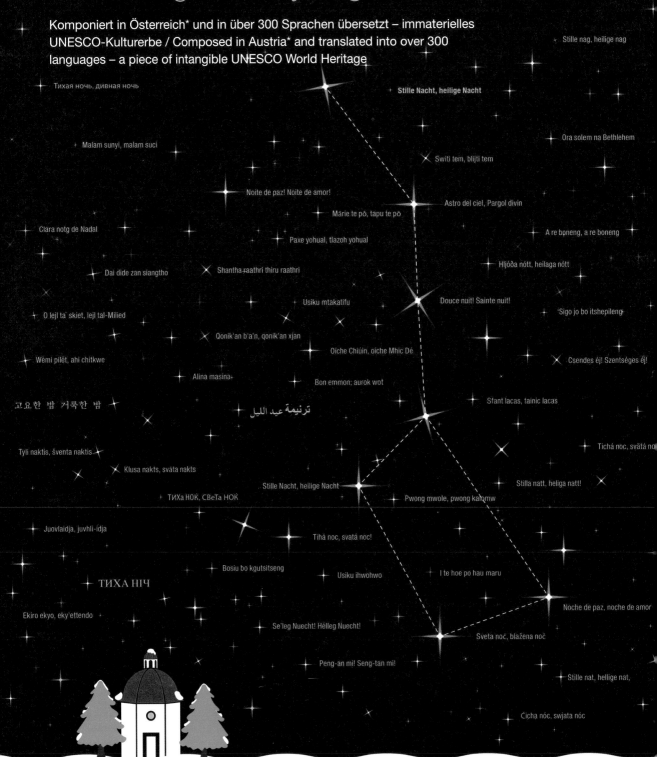

Stille Nacht, heilige Nacht
Silent night! Holy night!

Komponiert in Österreich* und in über 300 Sprachen übersetzt – immaterielles UNESCO-Kulturerbe / Composed in Austria* and translated into over 300 languages – a piece of intangible UNESCO World Heritage

شب آرام

Тихая ночь, дивная ночь

Stille nag, heilige nag

Stille Nacht, heilige Nacht

Malam sunyi, malam suci

Ora solem na Bethlehem

Switi tem, blijti tem

Noite de paz! Noite de amor!

Astro del ciel, Pargol divin

Mârie te pó, tapu te pö

Clara notg de Nadal

A re boneng, a re boneng

Paxe yohual, tlazoh yohual

Dai dide zan siangtho

Hljóða nótt, heilaga nótt

Shantha raathri thiru raathri

Usiku mtakatifu

Douce nuit! Sainte nuit!

O lejl ta' skiet, lejl tal-Milied

'Sigo jo bo itshepileng

Qonik'an b'a'n, qonik'an xjan

Oíche Chiúin, oíche Mhic Dé

Wêmi pilêt, ahi chitkwe

Csendes éj! Szentséges éj!

Alina masina

Bon emmon; aurok wot

고요한 밤 거룩한 밤

ترنيمة عيد الليل

Sfant lacas, tainic lacas

Tyli naktis, šventa naktis

Tichá noc, svätá no

Klusa nakts, svāta nakts

Stilla natt, heliga natt!

Stille Nacht, heilige Nacht

ТИХа НОК, СВеТа НОК

Pwong mwole, pwong kalomw

Juovlaidja, juvhlí-ídja

Tihá noc, svatá noc!

Bosiu bo kgutsitseng

Usiku ihwohwo

I te hoe po hau maru

ТИХА НІЧ

Noche de paz, noche de amor

Ekiro ekyo, eky'ettendo

Se'leg Nuecht! Hélleg Nuecht!

Sveta noč, blažena noč

Peng-an mi! Seng-tan mi!

Stille nat, hellige nat

Ćicha nóc, swjata nóc

OBERNDORF BEI SALZBURG

Stille nacht, hillige nacht

Tsaa ta tukani, Puha tukani

Püha öö, õnnistud öö!

Vhusiku ha u difha

Paca nokt', sankta nokt'!

Nos hep son! Noswyth lan!

Busuku obungewele

Capanna santa! Lu Paradisu

Gabiing Malinaw!

Nuit pèzib, nuit se sant

Paujère gnût, gnût sins brût !

Gleðilig jól! Gleðilig jól!

йдин тун, тинч кеча

Scho'ragh bwong Sarawi bwong

Tiha noć, sveta noć

Jeets'el áak'ab, kili'ich áak'ab

Sancta nox, placida nox!

Stille Nacht, hillige Nacht

Neit stilik, vo saludik

Oie sheoil, cadley dagh nhee

Puengen Yu'os, Puengen Jesus, u matuna si Yu'os

Cicha noc, święta noc

Mangala sri ratriyalli

Oidhche shàmhach, oidhche naomh+

Đêm tháng vô cùng

Pavetaa'eva nehe'xoveva Tsexho'ehnese ho'eva

Stille nacht, Heilige nacht

Klusa nakts, svēta nakts

Nounsikou ngaavi tokou

Quieta nott, soncha nott

Nozvezh sioul, nozvezh kaer

Natanaw na sa Silangan

Oh tchi douoche niet! oh tchi sainte niet!

Тиха ноħ, света ноħ

Dalu Suci tidem sami

Jouluyö! Juhlayö!

Agia nehta se prosmenoun

Sonang ni bornginna i

平安夜

Santa nit!, plácida nit!

Pò la'i ē, pò kamaha'o

Tahimic ya, at masala

Jūtdlime Kīmasugtut

Hiimlik nâcht, hili nâcht!

Silent night! Holy night!

Gau ixilla, gau donea

Tal scûr de gnot, in Betlehem

Mba-mba a-lu, si ne mienn!

Cichaja noč, dziūnaja noč

Ilpa hyutweek, Esypublo hyutweek

Stille nacht, hillige nacht

ul, hellige jul!

Malaing as Labian

Xant Nixa, Xubh Nixa

Nóçhé' Nóël, Nóçhé' cúna

ยามราตรีศรีหรรษา

Тиха нощ; свята нощ!

Usikuwo woyerawo!

Cēchô noc, swiętéchnô noc

Małam kudus, sunyi senyap

Stille nacht, Heilige nacht

Tawel nos dros y byd

wa' ram tam ram Dun

Natë e shenjtë! Natë e qetë!

uda nuèit s'espandis

Jūtdlime Kīmasugtut

Sessiz gece, Kutsal gece

Gutpela nait, ho-oli nait

Gawsugum axkw, anhluut'ukwsim axkw

Lour gisher, sourb gisher

きよしこのよる

∗ Text / lyrics: Joseph Mohr (1792–1848); **Melodie** / melody: Franz Xaver Gruber (1787–1863)

So klingt Österreich
Rock us, Amadeus

Musik ist einer der beliebtesten Exportartikel – und das in jedem Genre. /
Music is one of the most popular exports – in every genre.

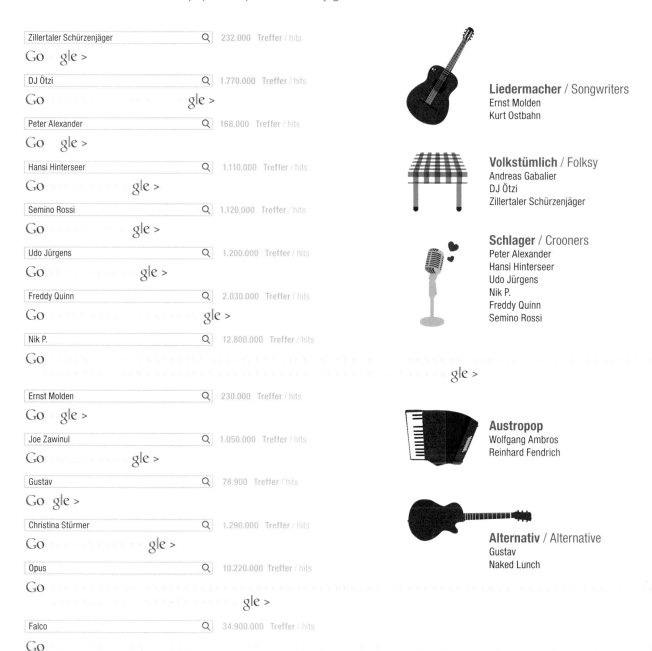

Zillertaler Schürzenjäger	🔍	232.000 Treffer / hits
Go gle >		
DJ Ötzi	🔍	1.770.000 Treffer / hits
Go gle >		
Peter Alexander	🔍	168.000 Treffer / hits
Go gle >		
Hansi Hinterseer	🔍	1.110.000 Treffer / hits
Go gle >		
Semino Rossi	🔍	1.120.000 Treffer / hits
Go gle >		
Udo Jürgens	🔍	1.200.000 Treffer / hits
Go gle >		
Freddy Quinn	🔍	2.030.000 Treffer / hits
Go gle >		
Nik P.	🔍	12.800.000 Treffer / hits
Go gle >		
Ernst Molden	🔍	230.000 Treffer / hits
Go gle >		
Joe Zawinul	🔍	1.050.000 Treffer / hits
Go gle >		
Gustav	🔍	78.900 Treffer / hits
Go gle >		
Christina Stürmer	🔍	1.290.000 Treffer / hits
Go gle >		
Opus	🔍	10.220.000 Treffer / hits
Go gle >		
Falco	🔍	34.900.000 Treffer / hits
Go gle >		

Liedermacher / Songwriters
Ernst Molden
Kurt Ostbahn

Volkstümlich / Folksy
Andreas Gabalier
DJ Ötzi
Zillertaler Schürzenjäger

Schlager / Crooners
Peter Alexander
Hansi Hinterseer
Udo Jürgens
Nik P.
Freddy Quinn
Semino Rossi

Austropop
Wolfgang Ambros
Reinhard Fendrich

Alternativ / Alternative
Gustav
Naked Lunch

| Andreas Gabalier | Q | 1.820.000 Treffer / hits |

Go∘∘∘∘∘∘∘∘∘∘∘∘∘∘∘gle >

| Wolfgang Ambros | Q | 587.000 Treffer / hits |

Go∘∘∘∘∘∘gle >

| Reinhard Fendrich | Q | 918.000 Treffer / hits |

Go∘∘∘∘∘∘∘∘gle >

| Kruder & Dorfmeister | Q | 685.000 Treffer / hits |

Go∘∘∘∘∘∘gle >

| Bernhard Fleischmann | Q | 1.460.000 Treffer / hits |

Go∘∘∘∘∘∘∘∘∘∘∘∘∘gle >

| Kurt Ostbahn | Q | 118.000 Treffer / hits |

Go gle >

| Friedrich Gulda | Q | 450.000 Treffer / hits |

Go∘∘∘∘∘gle >

| Olga Neuwirth | Q | 530.000 Treffer / hits |

Go∘∘∘∘∘gle >

| Alban Berg | Q | 1.990.000 Treffer / hits |

Go∘∘∘∘∘∘∘∘∘∘∘∘∘∘∘∘∘gle >

| Arnold Schönberg | Q | 2.150.000 Treffer / hits |

Go∘∘∘∘∘∘∘∘∘∘∘∘∘∘∘∘∘∘gle >

| Anton Bruckner | Q | 2.350.000 Treffer / hits |

Go∘∘∘∘∘∘∘∘∘∘∘∘∘∘∘∘∘∘∘∘gle >

| Naked Lunch | Q | 14.400.000 Treffer / hits |

Go∘∘gle >

| Gustav Mahler | Q | 5.350.000 Treffer / hits |

Go∘∘∘∘∘∘∘∘∘∘∘∘∘∘∘∘∘∘∘∘∘∘∘∘∘∘∘∘∘∘∘∘∘∘∘∘∘∘∘gle >

| Franz Schubert | Q | 7.100.000 Treffer / hits |

Go∘∘∘gle >

| Johann Strauß vater und sohn | Q | 7.210.000 Treffer / hits |

Go∘∘gle >

| Johannes Brahms | Q | 8.660.000 Treffer / hits |

Go∘∘gle >

| Joseph Haydn | Q | 4.640.000 Treffer / hits |

Go∘∘∘∘∘∘∘∘∘∘∘∘∘∘∘∘∘∘∘∘∘∘∘∘∘∘∘∘∘∘∘gle >

| Wolfgang Amadeus Mozart | Q | 14.600.000 Treffer / hits |

Go∘∘∘gle >

Pop
Falco
Opus
Christina Stürmer

Moderne und zeitgenössische Musik
Modern and contemporary music
Alban Berg
Friedrich Gulda
Olga Neuwirth
Arnold Schönberg

Klassische Musik / Classical music
Johannes Brahms
Anton Bruckner
Josef Haydn
Gustav Mahler
Wolfgang Amadeus Mozart
Franz Schubert
Johann Strauss Vater und Sohn / Sr. and Jr.

Electronic
Kruder & Dorfmeister
Bernhard Fleischmann

Jazz
Joe Zawinul

Oh du mein Österreich
Austria, my Austria

Wer in Österreichs Musikkapellen den Marsch bläst. /
Who plays the tunes in Austria's marching bands.

9,6 %
Uniform
uniform

10,7 %
beides
both

2.172
Musikkapellen
marching bands

77,2 %
Tracht
folk dress

2,5 %
keine oder andere
einheitliche Kleidung
no uniform dress code

Die Altersstruktur der Musikkapellen
The age structure of the marching bands

25,7 %
Männer bis 30 Jahre
men aged 30 and under

32,1 %
Männer über 30 Jahre
men over 30

27,7 %
Frauen bis 30 Jahre
women aged 30 and under

14,5 %
Frauen über 30 Jahre
women over 30

106.154
Musikantinnen und Musikanten
musicians

42,3 %
Frauen
women

57,7 %
Männer
men

H DU MEIN ÖSTERREICH*

* Titel einer österreichischen Marschmusik, komponiert von Franz von Suppé
  Title of an Austrian march composed by Franz von Suppé

Musik bewegt
Move to the music

Auftritte, Proben und Instrumente der österreichischen Musikkapellen /
Performances, rehearsals and instruments of Austria's marching bands

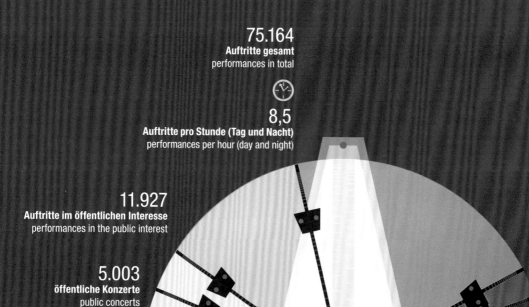

75.164
Auftritte gesamt
performances in total

8,5
Auftritte pro Stunde (Tag und Nacht)
performances per hour (day and night)

11.927
Auftritte im öffentlichen Interesse
performances in the public interest

5.003
öffentliche Konzerte
public concerts

123.817
Proben
rehearsals

2.168
Probenlokale
rehearsal rooms

Marschaufstellungen
Marching formations

ca. 30

ca. 40

ca. 50

ca. 60

ca. 60

DIE MUSIKINSTRUMENTE / THE MUSICAL INSTRUMENTS

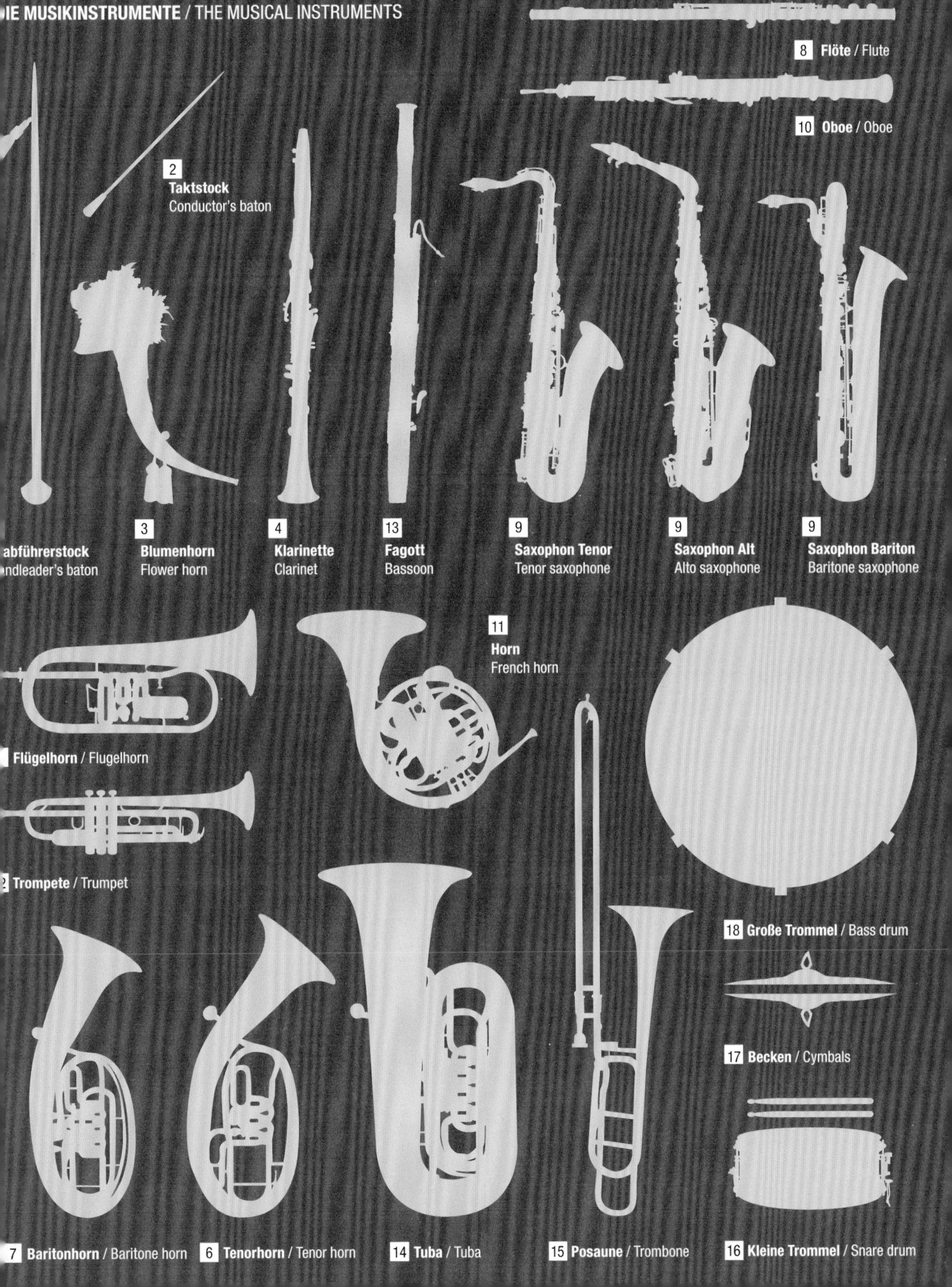

8 **Flöte** / Flute

10 **Oboe** / Oboe

2 **Taktstock**
Conductor's baton

3
abführerstock
ndleader's baton

Blumenhorn
Flower horn

4 **Klarinette**
Clarinet

13 **Fagott**
Bassoon

9 **Saxophon Tenor**
Tenor saxophone

9 **Saxophon Alt**
Alto saxophone

9 **Saxophon Bariton**
Baritone saxophone

11
Horn
French horn

Flügelhorn / Flugelhorn

Trompete / Trumpet

18 **Große Trommel** / Bass drum

17 **Becken** / Cymbals

7 **Baritonhorn** / Baritone horn

6 **Tenorhorn** / Tenor horn

14 **Tuba** / Tuba

15 **Posaune** / Trombone

16 **Kleine Trommel** / Snare drum

Die Trapp-Familie
The Sound of Music

Das Musical „The Sound of Music" erzählt die Geschichte der österreichischen Auswandererfamilie von Trapp, die als Chor weltberühmt wurde. / The musical "The Sound of Music" tells the story of the Trapp family, who emigrated from Austria and became world-famous as singers.

KAMMERCHOR TRAPP / THE TRAPP FAMILY SINGERS

1935–1956
ca. 2.000
Auftritte auf der ganzen Welt
performances all over the world

Mutter / Mother:
Maria Augusta Trapp, geb. / née Kutschera

Vater / Father:
Georg Ludwig Ritter von Trapp

Johannes Eleonore Rosemarie Martina Johanna Hedwig Werner Maria Franziska Agathe Rupert

TRAPP FAMILY SINGERS

1880
Georg von Trapp

MUSICAL

Auszeichnungen / Awards

Aufführungen
Performances
1.443 (New York)
2.386 (London)

5 Tony Awards
1 Grammy

FILM

1,2 Milliarden
Zuschauer weltweit
1.2 billion viewers
worldwide

40. Platz der 100 besten
Filme aller Zeiten (2007)
40th place on the list of 100
Best Movies of All Time (2007)

Auszeichnungen / Awards

4. Platz der 25
bedeutendsten
Musicalfilme
aller Zeiten (2006)
4th place on the list
of 25 Best Movie
Musicals of All Time (2006)

5 Oscars
2 Golden Globes

Filmmusik weltweit
über 10 Mio.
Mal verkauft.
Over 10 million copies
of soundtrack
sold worldwide.

Maria veröffentlicht ihr Buch:
Maria publishes her book:
The Story of the Trapp Family Singers
1949

Maria gewinnt den Sales Golden Book Award für das beste Sachbuch.
Maria wins *Sales Golden Book Award* for best book of non-fiction.
1950

Letztes Konzert in den USA
Final Trapp Family Singers concert in the USA
-
Der deutsche Spielfilm Die Trapp-Familie läuft an.
The German feature film *Die Trapp-Familie* is released.
1956

Trapp Family Austrian Relief Inc.
Trapp-Familie gründet Hilfsprogramm für notleidende Österreicher.
Trapp family establishes relief programme for Austrians in need.
-
Georg von Trapp ✝
1947

Trapp Music Camp wird eröffnet.
opens.
1945

...app-Familie kauft ...ne Farm in Stowe, diese wird später ...rapp Family Lodge ausgebaut.
...p family purchases ... in Stowe, Vermont; ...later to become the ...Trapp Family Lodge.
1942

Trapp-Familie emigriert in die USA.
Trapp family emigrates to the USA.
-
Johannes von Trapp
1939

1938
...p-Familie flüchtet aus nazibesetztem ...ich; Konzertreisen ...uropa und danach Reise in den USA.
Trapp family flees ...zi-occupied Austria; ...ert tours throughout ...urope, followed by a tour in the USA.

Die Lodge wird erweitert, um Gäste beherbergen zu können.
First addition made to the lodge to accommodate guests.
1948

Maria bekommt von Papst Pius XII. das päpstliche Ehrenzeichen Benemerenti für das Hilfsprogramm verliehen
Pope Pius XII honours Maria with Benemerenti medal for Trapp Family Austrian Relief, Inc.

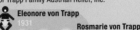
Eleonore von Trapp
1931

Martha von Trapp ✝
1952

Fortsetzung des deutschen Spielfilms: Die Trapp-Familie in Amerika
Sequel to the German film: *Die Trapp-Familie in Amerika*
1958

Broadway-Premiere des Musicals The Sound of Music
The Sound of Music opens on Broadway.
1959

Die alte Lodge brennt nieder.
Old lodge burns to the ground in tragic fire.
1980

Eröffnung des Langlaufzentrums der Trapp Family Lodge
Opening of Cross Country Ski Center at the *Trapp Family Lodge*
1968

Der Film The Sound of Music mit Julie Andrews in der Hauptrolle läuft an.
The Sound of Music movie premieres, starring Julie Andrews.
1965

Maria bekommt das Österreichische Ehrenkreuz für Wissenschaft und Kunst I. Klasse für ihre kulturellen Verdienste.
Maria awarded the *Austrian Cross of Honour, First Class* for cultural endeavours.
1967

Hedwig ✝
1972

Rosmarie von Trapp
1929

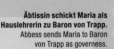
Äbtissin schickt Maria als Hauslehrerin zu Baron von Trapp.
Abbess sends Maria to Baron von Trapp as governess.
1926

Georg von Trapp Maria Kutschera
1927

Der erste Gast trifft in der neuen Trapp Family Lodge ein.
First guest registers at the new *Trapp Family Lodge*.
1983

Baubeginn der neuen Lodge
Construction of the new lodge begins.
1981

Maria wird Novizin in der Abtei Nonnberg in Salzburg.
Maria becomes a candidate for the novitiate at Nonnberg Abbey in Salzburg.
1924

Maria von Trapp ✝
1987

Agathe von Trapp, geb. / née Whitehead ✝
1922

Martina von Trapp
1921

Johanna von Trapp
1919

Rupert ✝
1992

Hedwig von Trapp
1917

Johanna ✝
1994

Werner von Trapp
1915

Maria Franziska von Trapp
1914

BROADWAY

Maria Kutschera
1905

Georg von Trapp Agathe Whitehead
-
Rupert von Trapp
1911

Agathe von Trapp
1913

The Sound of Music wird am Broadway wieder aufgenommen.
The Sound of Music re-opens on Broadway.
1998

Das Trapp-Lager-Bier wird eingeführt.
Trapp Lager beer is introduced.

Werner ✝ 2007   **Agathe** ✝ 2010

2011
Premiere des Musicals The Sound of Music in Salzburg
Premiere of the musical *The Sound of Music* in Salzburg

99,9 %
gefühlte Bekanntheit in USA; Großbritannien, und Lateinamerika
estimated name recognition in the USA, UK and Latin America

0,5 %
gefühlte Bekanntheit in Österreich
estimated name recognition in Austria

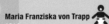

Rock me Amadeus

Das Leben des musikalischen Wunderkinds / The life of the musical prodigy

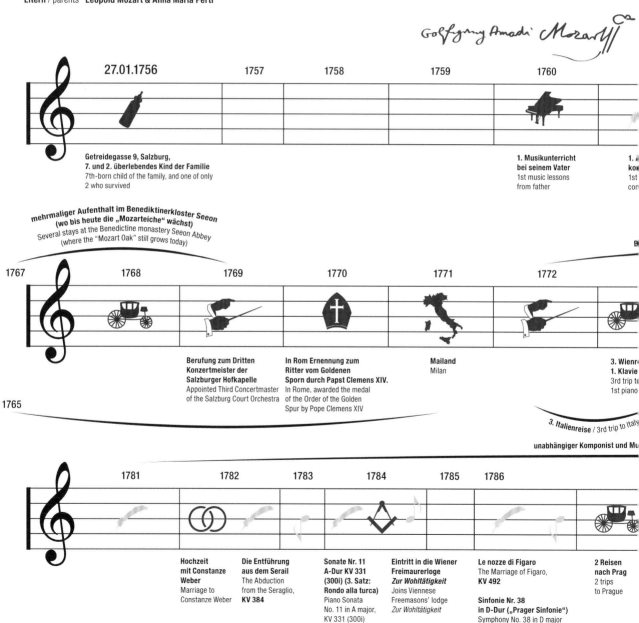

Taufname / Christian name

JOANNES CHRYSOSTOMUS WOLFGANGUS THEOPHILUS MOZART

Eltern / parents Leopold Mozart & Anna Maria Pertl

27.01.1756 1757 1758 1759 1760

Getreidegasse 9, Salzburg,
7. und 2. überlebendes Kind der Familie
7th-born child of the family, and one of only
2 who survived

1. Musikunterricht
bei seinem Vater
1st music lessons
from father

mehrmaliger Aufenthalt im Benediktinerkloster Seeon
(wo bis heute die „Mozarteiche" wächst)
Several stays at the Benedictine monastery Seeon Abbey
(where the "Mozart Oak" still grows today)

1767 1768 1769 1770 1771 1772

Berufung zum Dritten
Konzertmeister der
Salzburger Hofkapelle
Appointed Third Concertmaster
of the Salzburg Court Orchestra

In Rom Ernennung zum
Ritter vom Goldenen
Sporn durch Papst Clemens XIV.
In Rome, awarded the medal
of the Order of the Golden
Spur by Pope Clemens XIV

Mailand
Milan

3. Wien
1. Klavie
3rd trip t
1st piano

1765

3. Italienreise / 3rd trip to Italy

unabhängiger Komponist und M

1781 1782 1783 1784 1785 1786

Hochzeit
mit Constanze
Weber
Marriage to
Constanze Weber

Die Entführung
aus dem Serail
The Abduction
from the Seraglio,
KV 384

Sonate Nr. 11
A-Dur KV 331
(300i) (3. Satz:
Rondo alla turca)
Piano Sonata
No. 11 in A major,
KV 331 (300i)
(3rd movement:
Rondo alla turca)

Eintritt in die Wiener
Freimaurerloge
Zur Wohltätigkeit
Joins Viennese
Freemasons' lodge
Zur Wohltätigkeit

Le nozze di Figaro
The Marriage of Figaro,
KV 492

Sinfonie Nr. 38
in D-Dur („Prager Sinfonie")
Symphony No. 38 in D major
("Prague Symphony"),
KV 504

2 Reisen
nach Prag
2 trips
to Prague

Kinder / Children: 1 784–1858 Karl Thomas · 1787–1788 Adelheid Friderika · 1791–1844 Franz Xaver Wolfgang † im Säuglingsalter / as infant: 1783 Raimund Leopold · 1

sik / Music

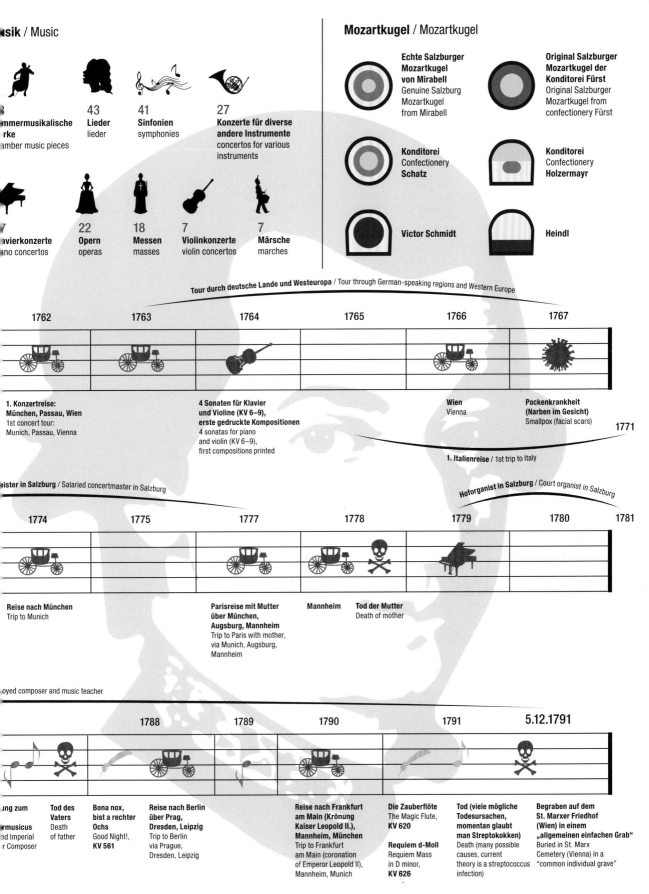

ammermusikalische rke chamber music pieces	**43 Lieder** lieder	**41 Sinfonien** symphonies	**27 Konzerte für diverse andere Instrumente** concertos for various instruments
avierkonzerte ano concertos	**22 Opern** operas	**18 Messen** masses	**7 Violinkonzerte** violin concertos	**7 Märsche** marches

Mozartkugel / Mozartkugel

Echte Salzburger Mozartkugel von Mirabell
Genuine Salzburg Mozartkugel from Mirabell

Original Salzburger Mozartkugel der Konditorei Fürst
Original Salzburger Mozartkugel from confectionery Fürst

Konditorei Confectionery **Schatz**

Konditorei Confectionery **Holzermayr**

Victor Schmidt

Heindl

Tour durch deutsche Lande und Westeuropa / Tour through German-speaking regions and Western Europe

1762	1763	1764	1765	1766	1767

1. Konzertreise: München, Passau, Wien
1st concert tour: Munich, Passau, Vienna

4 Sonaten für Klavier und Violine (KV 6–9), erste gedruckte Kompositionen
4 sonatas for piano and violin (KV 6–9), first compositions printed

Wien Vienna

Pockenkrankheit (Narben im Gesicht) Smallpox (facial scars)

1. Italienreise / 1st trip to Italy

1771

ister in Salzburg / Salaried concertmaster in Salzburg

Hoforganist in Salzburg / Court organist in Salzburg

1774	1775	1777	1778	1779	1780	1781

Reise nach München Trip to Munich

Parisreise mit Mutter über München, Augsburg, Mannheim Trip to Paris with mother, via Munich, Augsburg, Mannheim

Mannheim

Tod der Mutter Death of mother

oyed composer and music teacher

1788	1789	1790	1791	5.12.1791

ung zum rmusicus ed Imperial r Composer

Tod des Vaters Death of father

Bona nox, bist a rechter Ochs Good Night!, **KV 561**

Reise nach Berlin über Prag, Dresden, Leipzig Trip to Berlin via Prague, Dresden, Leipzig

Reise nach Frankfurt am Main (Krönung Kaiser Leopold II.), Mannheim, München Trip to Frankfurt am Main (coronation of Emperor Leopold II), Mannheim, Munich

Die Zauberflöte The Magic Flute, **KV 620**

Requiem d-Moll Requiem Mass in D minor, **KV 626**

Tod (viele mögliche Todesursachen, momentan glaubt man Streptokokken) Death (many possible causes, current theory is a streptococcus infection)

Begraben auf dem St. Marxer Friedhof (Wien) in einem „allgemeinen einfachen Grab" Buried in St. Marx Cemetery (Vienna) in a "common individual grave"

eopold · 1787 Theresia Konstantia · 1789 Anna Maria

Prosit Neujahr!
Happy New Year!

Das Jahr beginnt traditionell mit dem Läuten der Pummerin*, gefolgt von den Tönen des Donauwalzers und – 11 Stunden später – vom Neujahrskonzert. / The year begins traditionally with the ringing of the Pummerin*, followed by the strains of the Blue Danube Waltz and – 11 hours later – the New Year's Concert.

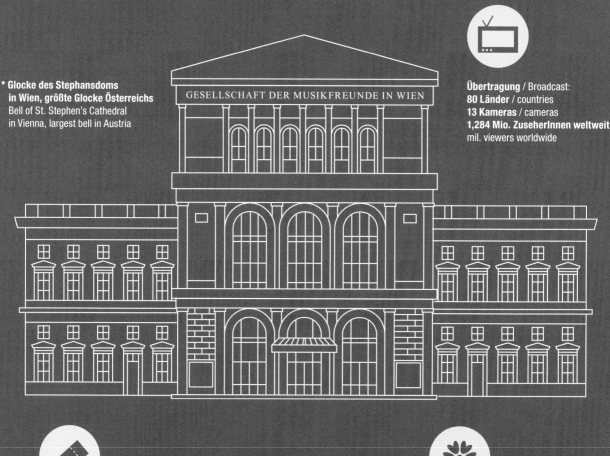

* Glocke des Stephansdoms in Wien, größte Glocke Österreichs
Bell of St. Stephen's Cathedral in Vienna, largest bell in Austria

GESELLSCHAFT DER MUSIKFREUNDE IN WIEN

Übertragung / Broadcast:
80 Länder / countries
13 Kameras / cameras
1,284 Mio. ZuseherInnen weltweit
mil. viewers worldwide

2.000 Karten / tickets
700 davon kommen in den Verkauf, d. h. sie werden verlost. / of these are sold, i.e. a drawing is held.
(60.000 Bewerbungen für die Verlosung / applications for the ticket drawing)

30–940 € Preis einer Karte / Price per ticket
18.784,67 € (2 Karten / tickets) Höchster, je ersteigerter Preis im Weiterverkauf / Highest price ever attained for auctioned ticket
9.392,33 € Schwarzmarkt-Höchstpreis / Highest price on black market

Blumenschmuck: Geschenk der Stadt Sanre
Floral decorations: gift of the city of Sanremo
30.000 Blumen / flowers
15 Floristen / florists

Clemens Krauss
Österreich / Austria

Josef Krips
Österreich / Austria

Willi Boskovsky
Österreich / Austria

Lorin Maazel
USA

Herbert von Karajan
Österreich / Austria

Claudio Abbado
Italien / Italy

Carlos Kleiber
Österreich / Austria

Zubin Mehta
Indien / India

Riccardo Muti
Italien / Italy

Nikolaus Harnoncourt
Österreich / Austria

Claudio Abbado
Italien / Italy

Mariss Jansons
Lettland / Latvia

Georges Prêtre
Frankreich / France

Daniel Barenboim
Israel

Franz Welser-Möst
Österreich / Austria

Seiji Ozawa
Japan

Mind. 3 Zugaben / min. 3 encores
2. Zugabe / encore:
An der schönen blauen Donau / The Blue Danube
3. Zugabe / encore:
Radetzkymarsch / Radetzky March

CD-Auslieferung / CD delivery:
40.000 in Österreich / Austria
150.000 weltweit / worldwide
**(30.000 werden innerhalb
96 Stunden nach dem Konzert
ausgeliefert.** / are delivered within
96 hours after the concert.)

DVD-Auslieferung / DVD delivery
17 Tage später / days later

2014
2013
2012
2011
2010
2009
2008
2007
2006
2005
2004
2003
2002
2001
2000
1999
1998
1997
1996
1995
1994
1993
1992
1991
1990
1989
1988
1987
1986
1985
1984
1983
1982
1981
1980
1979
1978
1977
1976
1975
1974
1973
1972
1971
1970
1969
1968
1967
1966
1965
1964
1963
1962
1961
1960
1959
1958
1957
1956
1955
1954
1953
1952
1951
1950
1949
1948
1947
1946
1945
1944
1943
1942
1941
1940
1939

„Alles Walzer!"
"Everyone waltz!"

So lautet die alljährliche Einladung an das Ballpublikum nach der Eröffnung des Opernballs. /
With these words, the guests are invited to take to the dance floor at the opening of the
Vienna Opera Ball.

Frack
White tie

(1) Jacket ●
Vorne taillenkurz, wird offen getragen
Mit Seidensatin geschmückte spitze Revers
Hinten knielange Schwalbenschwänze

(2) Weste ○
Revers
Eingelassene Westentaschen
Einreihig oder zweireihig mit Perlmuttknöpfen
Kein Rückenteil, stattdessen Taillenriemen

(3) Hemd ○
Gestärkte Piquébrust
Knöpfe aus Perlmutt oder Brillanten
Kläppchenkragen („Vatermörder")
Einfache Manschette

(4) Schleife ○
Aus Baumwoll-Piqué

(5) Hose ●

(6) Accessoires
Seidenschal
Glaceehandschuhe
Frackuhr mit Kette (Armbanduhr = Fauxpas!)

(7) Schmuck
Orden

● **Tailcoat (1)**
Cut away in front, worn open
Peaked lapels faced in silk or grosgrain
Knee-length swallow tail in back

○ **Waistcoat (2)**
Lapels
Welt pockets
Single- or double-breasted
with mother of pearl buttons
Backless, with waist straps

○ **Shirt (3)**
Stiff piqué front
Mother of pearl or diamond studs
Stiff wing tip collar
Single cuffs

○ **Bowtie (4)**
Cotton piqué

● **Trousers (5)**

Accessories (6)
Silk scarf
Kid gloves
Tailcoat watch with chain
(wristwatch = faux pas!)

Jewellery (7)
Medals

Die Ballsaison
The ball season

♪ **Wiener Ballsaison** / Vienna ball season:
11.11. bis Faschingsdienstag
11th November to Shrove Tuesday

♪ **52 %**
der Österreicher und Österreicherinnen besuchen einen oder mehr Bälle im Jahr.
of Austrians attend at least one ball a year.

Der Walzer
The waltzes

♪ **¾** -Takt / time

♪ **Grundschritt aus 6 Schritten**
Basic pattern made up of 6 steps

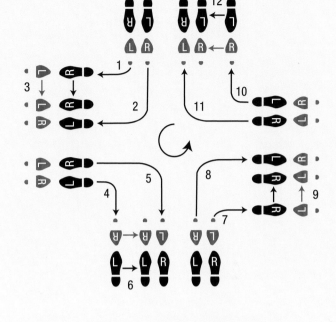

Aufforderung zum Tanz
Requesting a dance

Darf ich bitten?
May I have this dance?

Gestatten Sie?
Do you mind?

Möchten Sie weitertanzen?
Shall we continue?

Die wichtigsten Komponisten
The key composers

 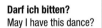

Johann Strauss (**Vater** / Senior)   **Johann Strauss** (**Sohn** / Junior)   **Josef Lanner**

152 **Walzer** / waltzes   **500** **Walzer** / waltzes   **200** **Walzer** / waltzes

Sehen und gesehen werden
To see and be seen

Der Opernball ist DAS gesellschaftliche Ereignis des Jahres für Wirtschaft, Adabeis und Fernsehzuschauer im In- und Ausland. / The Vienna Opera Ball is THE society event of the year for businesspeople, the smart set and television viewers in Austria and abroad.

80 **Lastwagen** / lorries

350 **Facharbeiter** / technicians

150 **Hilfskräfte** / assistants

250 **Sicherheitsleute** / security

120 **Musiker** / musicians

16 **Paare als Reserve** / couples in reserve

288 **Debütantinnen und Debütanten** / debutants

Alter: 17–24 Jahre / Age: 17–24 years

480 **Blumengestecke für Tische** / flower arrangements for the tables

160 **Sträußchen für Debütan**
bouquets for the debutant

165 **Blumenarrangements für die Logen** / flower arrangements for the boxes

600 **Sektkübel** / champagne buckets

4.830 **Ballgäste** / ball guests

0,- € **Eintrittskarte** / Admission ticket
00–18.500 € **Loge** / Box
0–1.080 € **Tisch** / Table

Auflagen des Opernballs bis 2013
opera balls until 2013

4 Mio. € **Einnahmen** / mil. € income
3 Mio. € **Ausgaben** / mil. € expenditures

♪
8 **verschiedene Ballbereiche**
different ball areas

50 m **Länge des Ballsaals** / length of ballroom

🕐
12.000 **Arbeitsstunden** / work hours

1.800
Paar Würstel
pairs of sausages

00 **Stück Petits fours und Sandwiches** / petits fours and sandwiches

1991 Gina Lollobrigida (abgesagt / cancelled) / 1992 Harry Belafonte
1993 Joan Collins / 1994 Ivana Trump / 1995 Sophia Loren
1996 Grace Jones / 1997 Sarah Ferguson / 1998 Raquel Welch
1999 Faye Dunaway / 2000 Jacqueline Bisset, Nadja Abd el Farrag
2001 Farrah Fawcett / 2002 Claudia Cardinale / 2003 Pamela Anderson
2004 Andie MacDowell / 2005 Geri Halliwell / 2006 Carmen Electra
2007 Paris Hilton / 2008 Dita Von Teese / 2009 Nicollette Sheridan
2010 Dieter Bohlen / 2011 Karima el-Mahroug, Larry Hagman, Zachi Noy
2012 Brigitte Nielsen, Roger Moore / 2013 Mira Sorvino, Gina Lollobrigida

Richard Lugner „Mörtel" / nicknamed "Mortar"

280 **Bewirtung** / catering

Gäste in Richard Lugners Loge
Guests in Richard Lugner's box

4.000 **Besteckteile** / pieces of cutlery

800 **Gulaschsuppen** / bowls of goulash soup

900 **Flaschen Wein** / bottles of wine

800 **Flaschen Sekt und Champagner** / bottles of sparkling wine and champagne

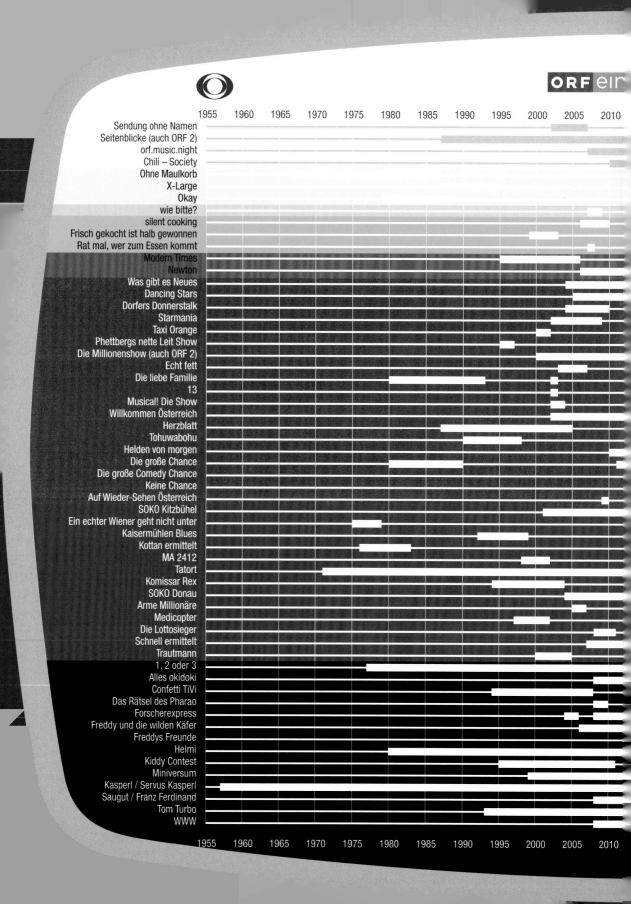

Sonntagabend: Tatort
Sunday prime time: Tatort

In Österreich läuft der Fernseher 169 Minuten am Tag – vor allem sonntagabends. Hier ein Überblick der beliebtesten Sendungen: / The average Austrian television is on for 169 minutes a day – especially Sunday night. Here's an overview of Austria's favourite shows:

ORF 2

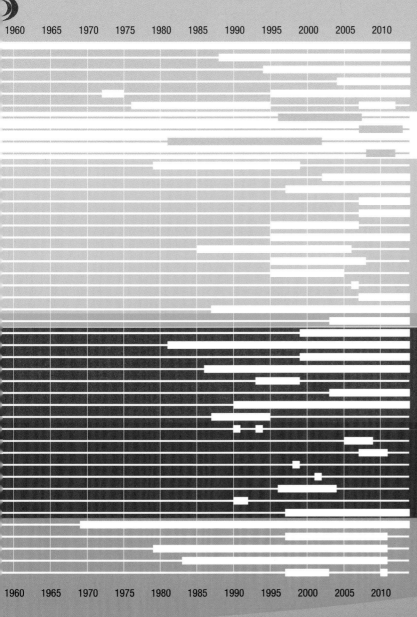

1960	1965	1970	1975	1980	1985	1990	1995	2000	2005	2010

Zeit im Bild
Bundesland heute
Report (vormals Inlandsreport)
Weltjournal
Hohes Haus
Club 2
Treffpunkt Kultur
Aviso
kunst-stücke
Stöckl am Samstag
Schilling (abgelöst durch €CO)
Eco
Thema
Konkret – Das Servicemagazin
Heute in Österreich
Willkommen Österreich (Fernsehmagazin)
Am Schauplatz
Alltagsgeschichten
Lebens-Künstler
Vera
Primavera
Vera exklusiv
Universum
Frisch gekocht
Bingo
Musikantenstadl
Die Barbara Karlich Show
Klingendes Österreich
Oh, du mein Österreich
Harrys liabste Hütt'n
Millionenrad (später Brieflos-Show)
Wurlitzer
Die Piefke-Saga
Der Winzerkönig
Oben ohne
Die Neue – Eine Frau mit Kailber
Dolce Vita & Co
Schlosshotel Orth
Ein Schloss am Wörthersee
kreuz & quer
Orientierung
Religionen der Welt
Stimme des Islam
Lehre des Buddha
Was ich glaube

1960	1965	1970	1975	1980	1985	1990	1995	2000	2005	2010

Ex libris Austriae

Diese Fülle deutschsprachiger Literatur stammt aus Österreich! /
All this German-language literature comes from Austria!

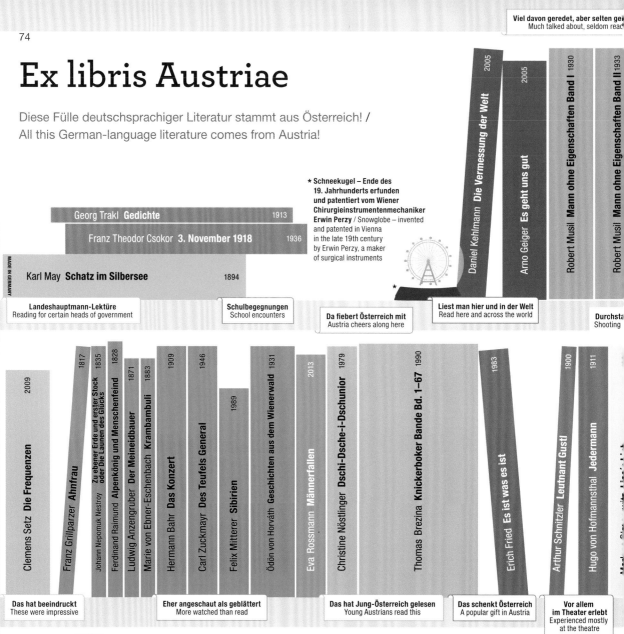

* Schneekugel – Ende des 19. Jahrhunderts erfunden und patentiert vom Wiener Chirurgieinstrumentenmechaniker Erwin Perzy / Snowglobe – invented and patented in Vienna in the late 19th century by Erwin Perzy, a maker of surgical instruments

Viel davon geredet, aber selten ge...
Much talked about, seldom read...

Daniel Kehlmann **Die Vermessung der Welt** 2005
Arno Geiger **Es geht uns gut** 2005
Robert Musil **Mann ohne Eigenschaften Band I** 1930
Robert Musil **Mann ohne Eigenschaften Band II** 1933

Georg Trakl **Gedichte** 1913
Franz Theodor Csokor **3. November 1918** 1936
Karl May **Schatz im Silbersee** 1894
MADE IN GERMANY

Landeshauptmann-Lektüre
Reading for certain heads of government

Schulbegegnungen
School encounters

Da fiebert Österreich mit
Austria cheers along here

Liest man hier und in der Welt
Read here and across the world

Durchsta...
Shooting...

Clemens Setz **Die Frequenzen** 2009
Franz Grillparzer **Ahnfrau** 1817
Johann Nepomuk Nestroy **Zu ebener Erde und erster Stock oder Die Launen des Glücks** 1835
Ferdinand Raimund **Alpenkönig und Menschenfeind** 1828
Ludwig Anzengruber **Der Meineidbauer** 1871
Marie von Ebner-Eschenbach **Krambambuli** 1883
Hermann Bahr **Das Konzert** 1909
Carl Zuckmayr **Des Teufels General** 1946
Felix Mitterer **Sibirien** 1989
Ödön von Horváth **Geschichten aus dem Wienerwald** 1931
Eva Rossmann **Männerfallen** 2013
Christine Nöstlinger **Dschi-Dsche-i-Dschunior** 1979
Thomas Brezina **Knickerboker Bande Bd. 1–67** 1990
Erich Fried **Es ist was es ist** 1983
Arthur Schnitzler **Leutnant Gustl** 1900
Hugo von Hofmannsthal **Jedermann** 1911

Das hat beeindruckt
These were impressive

Eher angeschaut als geblättert
More watched than read

Das hat Jung-Österreich gelesen
Young Austrians read this

Das schenkt Österreich
A popular gift in Austria

Vor allem im Theater erlebt
Experienced mostly at the theatre

Anton Wildgans **Kain** 1920
Peter Handke **Wunschloses Unglück** 1972
Jack Unterweger **Fegefeuer oder die Reise ins Zuchthaus** 1983
Werner Schwab **Die Präsidentinnen** 1990
Franz Innerhofer **Schöne Tage** 1974
Thomas Bernhard **Holzfällen** 1984
Josef Haslinger **Das Vaterspiel** 2000
Michael Köhlmeier **Abendland** 2007
Gerhard Roth **Die Archive des Schweigens** 1980–1991
Elfriede Jelinek **Die Klavierspielerin** 1983
Walter Kappacher **Selina oder das andere Leben** 2005
Elias Canetti **Die Blendung** 1935
Josef Winkler **Das wilde Kärnten** 1979–1982

Das war im Gespräch
Much discussed

Ausgezeichnet
Award-winning

Christine Busta **Salzgärten** 1975

Heinrich von Melk Von des todes gehugde – Mahnrede über den Tod 1994

Hilde Spiel **Fanny Arnstein oder Die Emanzipation** 1962

Johann Beer **Der Simplicianische Welt-Kucker** 1677

Else Jerusalem **Der heilige Skarabäus – ein Roman aus dem Bordell-Milieu** 1909

Hermann Broch **Die Schlafwandler** 1888–1918

Jura Soyfer **Dachaulied** 1938

Walther von der Vogelweide **Minnesang** 13. Jh.

Peter Altenberg **Wie ich es sehe** 1896

Ilse Aichinger **Die größere Hoffnung** 1948

Adalbert Stifter **Der Nachsommer** 1857

Ernst Jandl **Laut und Luise** 1966

Albert Drach **Untersuchung an Mädeln** 1971

Christoph Ransmayr **Die letzte Welt** 1988

Christine Lavant **Das Wechselbälgchen** 1998

Bertha von Suttner **Die Waffen nieder** 1889

Karl Kraus **Die letzten Tage der Menschheit** 1919

Expertenzitat
Expert quote

Gern zitiert
Often quoted

Brigitte Schwaiger

Josef Weinheber **Wien wörtlich** 1935

H.C. Artmann **Med ana schwoazzn dintn** 1958

Wolf Haas **Komm, süßer Tod** 1998

Stefan Zweig **Die Welt von Gestern – Erinnerungen eines Europäers** 1942

Heimito von Doderer **Die Strudlhofstiege** 1951

Johannes Mario Simmel **Es muss nicht immer Kaviar sein** 1960

Joseph Roth **Radetzkymarsch** 1932

Marlene Haushofer **Die Wand** 1963

Ingeborg Bachmann **Malina** 1971

Peter Henisch **Die kleine Figur meines Vaters** 1975

Franz Werfel **Die 40 Tage des Musa Dagh** 1933

Peter Rosegger **Waldheimat** 1877

Gertrude Fussenegger **Pulvermühle** 1968

Longseller
Longseller

Das hat Österreich gelesen
All of Austria read this

Schlüsselroman
Roman à clef

Wurde mal gelesen
Was read at one time

Robert Menasse **Vertreibung aus der Hölle** 2001

Konrad Bayer **Der sechste Sinn** 1962

Ferdinand Schmatz **Portrierisch** 2001

Julian Schutting **Gezählte Tage** 2002

Gerhard Rühm **Visuelle Poesie** 1996

Elfriede Mayröcker **Magische Blätter I–VI** 1983–2007

Daniel Glattauer **Gut gegen Nordwind** 2006

Rose Ausländer **Mein Atem heißt jetzt** 1981

Nikolaus Lenau **Schilflieder** 1832

Franz Kafka **Der Prozess** 1925

Paul Celan **Der Sand aus den Urnen** 1948

Milo Dor **Tote auf Urlaub** 1956

Ferenc Molnár **Liliom** 1909

George Saiko **Der Mann im Schiff** 1955

Jaroslav Hašek **Der brave Soldat Schwejk** 1921–1923

Wurde viel gelesen
Was once popular reading

Versteht das Österreich?
Does Austria understand this?

War auch mal Österreicher
Was also an Austrian once

Liebe Fahrgäste, bitte seien Sie achtsam!
Mind the gap!

Berühmte Linien und wie sie zusammenhängen /
Famous tram lines and how they are connected

U4

Klau
Bran

Tobias Moretti
Adalbert Stifter

In der ORF-Verfilmung von Adalbert Stifters Erzählung Bergkristall mimt Moretti den Bauern Joseph. / Moretti played Joseph the farmer in the ORF film adaptation of Adalbert Stifter's story Rock Crystal.

Maxi
Sche

Hi

Ch
Hö

Robert Musil

Ödön von Horváth

U3 — Ernst Frauwallner

Rudolf Steiner

Peter Rosegger

Ji

Paul Watzlawick

Gerhard Roth

Otto Höfler

Albert Drach

Erwin Wu

Fritz Schachermeyr

Adolf Loos
Ludwig Wittgenstein

Josef Winkler

Wittgenstein spendete Loos einen Teil seines Erbes. / Wittgenstein signed over part of his inheritance to Loos

Josef Strzygowski

Kiki

Theodor Gartner

Leo

ZONE 1

Sigmund Freud
Rainer Maria Rilke

Die Intellektuelle und Freud-Schülerin Lou Andreas-Salomé war Geliebte und Muse von Rilke. / The intellectual and Freud student Lou Andreas-Salomé was Rilke's lover and muse.

Otto Reche
Felix Mitterer
Albin Egger-Lienz

Peter Handke

Arnold Schwarzenegger — Muriel Baumeister — Karlheinz Böhm

Theo Lingen — Maria Schell

Christoph Waltz — Peter Simonischek — Dietmar Schönherr

U4

Romy Schneider
Franz Kafka

Klau
Jür
Wus

Alois Brandstetter

In der Verfilmung von Kafkas Roman Der Prozess spielte Schneider die Rolle der Leni. / Schneider played the role of Leni in the film adaptation of Kafka's novel The Trial.

Hugo von Hofmannsthal

Philipp Lenard

Elias Canetti — Richard Kuhn

Ingeborg Bachmann

Alfred Hermann Fried

Stefan Zweig

Johannes Mario Simmel

Robert Bárány

Ferdinand Raimund

S1 — Karl Landsteiner

U6 — Franz Grillparzer

U1

Ignaz Philipp Semmelweiss

Rupert Riedl

Karl von Frisch   Julius Wagner-Jauregg

U6

Otto Loewi

Elfriede Jelinek

S1

Elfriede Jelinek

Erwin Schrödinger

Victor Franz Hess

Thomas Bernhard

Ferdinand Porsche

Christine Lavant

Carl Ritter von Ghega

Bertha von Suttner

Friedrich August Hayek

Gregor Mendel

riedensreich Hundertwasser
eter Alexander

Johann Josef Loschmidt

räger des Großen Ehrenzeichens
ür Verdienste um die
epublik Österreich / Both received
he Grand Decoration of Honour
n Silver for Services
o the Republic of Austria.

Josef Ressel

Wolfgang Pauli
Oskar Kokoschka
Keine Kinder / No children

Christian Ludwig Attersee

U2

Otto Wagner

Hermann Nitsch

Koloman Moser

ald
zer

Kurt Gödel
Erwin Steinhauer

Inge Morath

Alfred Kubin

Erwin Steinhauer wirkte in der
Hörspielfassung des Theaterstücks
Geister in Princeton *von Daniel Kehlmann*
mit, das Kurt Gödels Leben nachzeichnet.
Steinhauer acted in the radio version
of Daniel Kehlmann's play Ghosts in Princeton,
which tells Gödel's life story.

Josef Hoffmann

Gustav Klimt

Fritz Pregl

Franz Xaver Messerschmidt

Elise Richter

no Bettelheim
e Meitner
en / Jews

Alfred Hermann Fried
Alfred Adler
Karlheinz Böhm
Freimaurer / Freemasons

ef Stefan

Senta
Berger

Karl Popper

ns Hass
ria Lassnig
sy Löwinger
9 geboren
n in 1919

Anna Freud

Fritz Pregl

Paul Lazarsfeld

Frisch

Richard Zsigmondy

Viktor Frankl

nrad Lorenz

Anton Zeilinger

Marie Jahoda

Carl Freiherr Auer von Welsbach

Josef Breuer

Ludwig Boltzmann **U1**

U3 Rupert Feuchtmüller

Die Linien beinhalten auch „Altösterreicher"
(mit Geburtsort in der Monarchie)
sowie aus Österreich vertriebene Personen.
The lines also include "Old Austrians"
(born in the Austro-Hungarian Empire)
and Austrian exiles.

Wien, Wien, nur du allein ...

Vienna, city of my dreams ...

Eine emotionale Landkarte / A map infused with emotions

Knusprig goldgelb
Golden brown and crispy

Auch wenn das Wiener Schnitzel nicht in Wien entstand, die echten (und größten) serviert bereits in vierter Generation das Wiener Innenstadt-Gasthaus Figlmüller. / Even though Wiener Schnitzel wasn't actually invented in Vienna, the genuine (and biggest) article is already being served in the fourth generation in the restaurant Figlmüller in Vienna's city centre.

4–6 Portionen
Serves 4–6

ca. **30 Min.** / min.
Vorbereitungszeit
preparation time

ca. **4–5 Min.** / min.
Kochzeit
cooking time

griffiges Mehl
coarse flour

Prise Salz
pinch of salt

Semmelbrösel
breadcrumbs

Eier
eggs

**Butterschmalz
oder Pflanzenöl**
clarified butter
or vegetable oil

2–3 kg Kalbsnuss
veal flank

1

**Kalbsnuss
sorgfältig
zuputzen.**
Carefully clean veal
and pat dry.

**Ca. 220 g Schnitzel
schneiden
(Schmetterlingsschnitt).**
Cut into approx. 220 g
cutlets (butterfly cut).

2

Dünn ausklopfen.
Pound thin.

Salzen.
Salt.

3

**Schnitzel in Mehl wenden, durch verschlagenes
Ei ziehen und mit Semmelbröseln panieren.**
Dredge cutlets in flour, dip in beaten egg and
coat with breadcrumbs.

4

**In heißem Butterschmalz
goldgelb herausbacken.**
Fry in hot clarified
butter until golden brown.

5

Abtropfen lassen.
Let fat drain off.

Kompass für Genießer
Compass for gourmets

Österreichische Weine kombiniert mit typischen Gerichten /
Austrian wines combined with typical dishes

ZWEIGELT

Gefüllte Kalbsbrust
Stuffed breast of veal

Salonbeuschel
Offal ragout

Geröstete Leber
Sautéed liver

Kalbsstelze
Leg of veal

Kohlroulade
Cabbage roll

Kümmelbraten
Roast belly pork
with caraway

BLAUFRÄNKISCH

Martinigansl
Roasted goose

Lamm im Röstimantel
Potato-crusted lamb

Zwiebelrostbraten
Roast beef with onions

Fasan im Speckmantel
Bacon-wrapped pheasant

**BLAUBURGUNDER
PINOT NOIR**

Sulmtaler Huhn mit Sterz
Sulmtaler chicken with Austrian polenta

Geschmorte Rindsbackerl
Braised ox cheek

Rindsroulade
Beef roulades

Perlhuhn im Rohr
Baked guinea fowl

ST. LAURENT

Geschmortes Schulterscherzl
Braised beef shoulder blade

Hasenpfeffer
Jugged hare

Weichkäse
Soft cheeses

Ente mit Rotkraut
Duck with red cabbage

**BLAUER WILDBACHER
SCHILCHER**

Krautfleckerl
Cabbage-pasta bake

Backhendl
Breaded fried chicken

Wurzelfleisch
Pork with root vegetables

Ziegenkäse
Goat cheese

**BLAUER
PORTUGIESER**

Tiroler Gröstl
Tyrolean fried potatoes

Kalbsvögerl
Braised veal shank

Krautwickler
Cabbage rolls

Erdäpfelgulasch
Potato goulash

Rotweine

Red wines

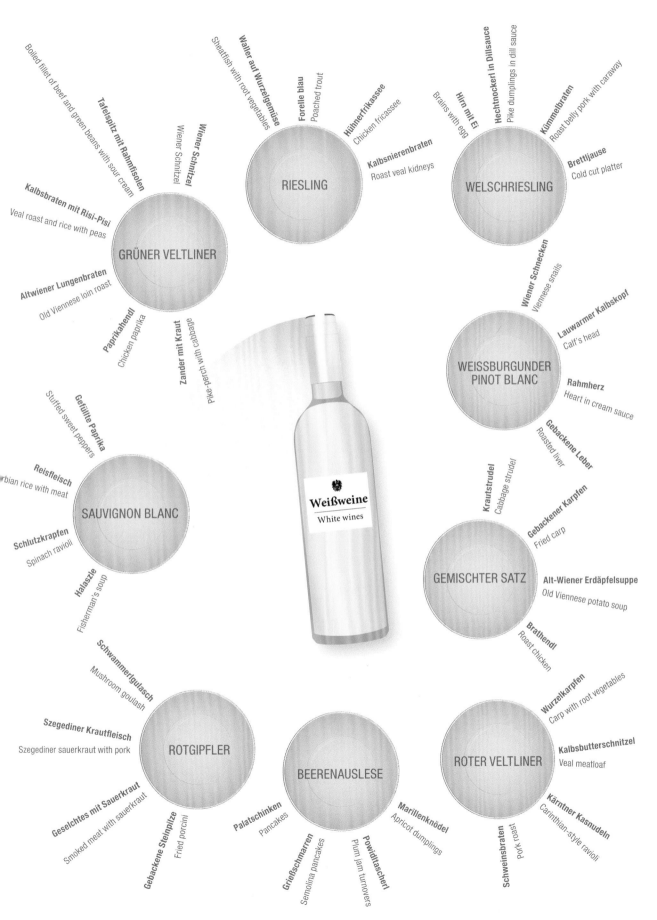

RIESLING

Waller auf Wurzelgemüse
Sheatfish with root vegetables

Forelle blau
Poached trout

Hühnerfrikassee
Chicken fricassee

Kalbsnierenbraten
Roast veal kidneys

WELSCHRIESLING

Hirn mit Ei
Brains with egg

Hechtnockerl in Dillsauce
Pike dumplings in dill sauce

Kümmelbraten
Roast belly pork with caraway

Brettljause
Cold cut platter

GRÜNER VELTLINER

Boiled fillet of beef and green beans with sour cream

Tafelspitz mit Rahmfisolen

Wiener Schnitzel
Wiener Schnitzel

Kalbsbraten mit Risi-Pisi
Veal roast and rice with peas

Altwiener Lungenbraten
Old Viennese loin roast

Paprikahendl
Chicken paprika

Zander mit Kraut
Pike-perch with cabbage

WEISSBURGUNDER PINOT BLANC

Wiener Schnecken
Viennese snails

Lauwarmer Kalbskopf
Calf's head

Rahmherz
Heart in cream sauce

Gebackene Leber
Roasted liver

SAUVIGNON BLANC

Gefüllte Paprika
Stuffed sweet peppers

Reisfleisch
Serbian rice with meat

Schlutzkrapfen
Spinach ravioli

Halaszle
Fisherman's soup

GEMISCHTER SATZ

Krautstrudel
Cabbage strudel

Gebackener Karpfen
Fried carp

Alt-Wiener Erdäpfelsuppe
Old Viennese potato soup

Brathendl
Roast chicken

ROTGIPFLER

Schwammerlgulasch
Mushroom goulash

Szegediner Krautfleisch
Szegediner sauerkraut with pork

Geselchtes mit Sauerkraut
Smoked meat with sauerkraut

Gebackene Steinpilze
Fried porcini

BEERENAUSLESE

Palatschinken
Pancakes

Grießschmarren
Semolina pancakes

Powidltascherl
Plum jam turnovers

Marillenknödel
Apricot dumplings

ROTER VELTLINER

Wurzelkarpfen
Carp with root vegetables

Kalbsbutterschnitzel
Veal meatloaf

Kärntner Kasnudeln
Carinthian-style ravioli

Schweinsbraten
Pork roast

Weißweine
White wines

Es wird ein Wein sein
Poetry in a bottle

Wein ist fixer Bestandteil der Landschaft und Kultur, vor allem im Osten Österreichs. /
Wine is an integral part of the Austrian landscape and culture, particularly in the east.

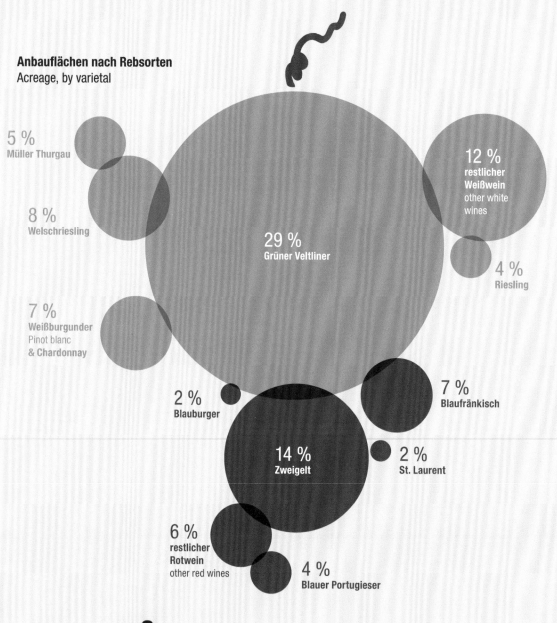

Anbauflächen nach Rebsorten
Acreage, by varietal

5 %
Müller Thurgau

8 %
Welschriesling

7 %
Weißburgunder
Pinot blanc
& Chardonnay

29 %
Grüner Veltliner

12 %
restlicher
Weißwein
other white
wines

4 %
Riesling

2 %
Blauburger

7 %
Blaufränkisch

14 %
Zweigelt

2 %
St. Laurent

6 %
restlicher
Rotwein
other red wines

4 %
Blauer Portugieser

Arbeit / Labour

ca. **20.000**
Winzer / winegrowers

ca. **6.000**
Betriebe / farms

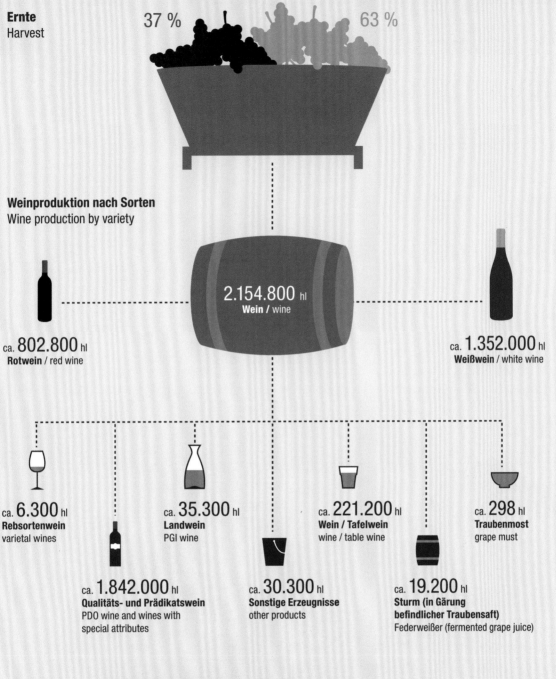

Ernte
Harvest

37 % 63 %

Weinproduktion nach Sorten
Wine production by variety

2.154.800 hl
Wein / wine

ca. 802.800 hl
Rotwein / red wine

ca. 1.352.000 hl
Weißwein / white wine

ca. 6.300 hl
Rebsortenwein
varietal wines

ca. 35.300 hl
Landwein
PGI wine

ca. 221.200 hl
Wein / Tafelwein
wine / table wine

ca. 298 hl
Traubenmost
grape must

ca. 1.842.000 hl
Qualitäts- und Prädikatswein
PDO wine and wines with
special attributes

ca. 30.300 hl
Sonstige Erzeugnisse
other products

ca. 19.200 hl
**Sturm (in Gärung
befindlicher Traubensaft)**
Federweißer (fermented grape juice)

Konsum
Consumption

5 %
**kauften Touristen
und Gastarbeiter ein.**
is purchased by tourists
and guest workers.

57 %
**werden in österreichischen Gaststätten,
bei Feuerwehrfesten von In- und Ausländern konsumiert.**
is consumed by locals and visitors at Austrian
restaurants and at fire brigade festivals.

38 %
**trinken Österreicher zu Hause,
bei Freunden oder am Arbeitsplatz.**
is consumed by Austrians at home,
when visiting friends, or at work.

Prost Mahlzeit!
Enjoy your meal!

Die Spezialitäten der Regionen Österreichs /
Specialties from Austria's different regions

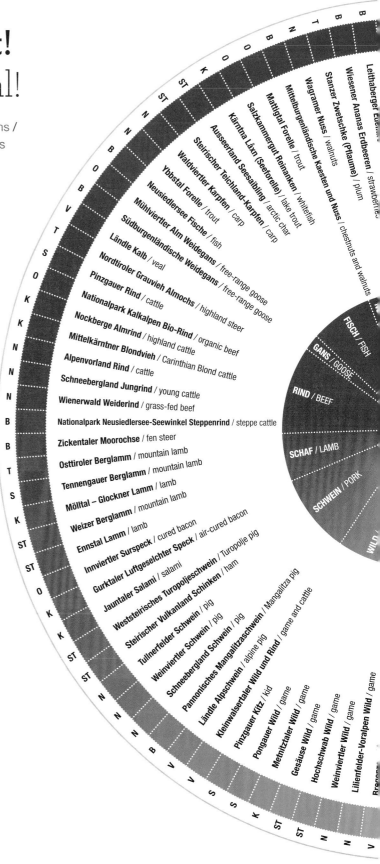

Leithaberger Edel... / strawberr...
Wiesener Ananas Erdbeeren / strawberr...
Stanzer Zwetschke (Pflaume) / plum
Wagramer Nuss / walnuts
Mittelburgenländische Kaesten und Nuss / chestnuts and walnuts
Mattigtal Forelle / trout
Salzkammergut Reinanken / whitefish
Ausseerland Seesaibling / arctic char
Kärntna Läxn (Seeforelle) / lake trout
Steirischer Teichland-Karpfen / carp
Waldviertler Karpfen / carp
Ybbstal Forelle / trout
Neusiedlersee Fische / fish
Mühlviertler Alm Weidegans / free-range goose
Südburgenländische Weidegans / free-range goose
Ländle Kalb / veal
Nordtiroler Grauvieh Almochs / highland steer
Pinzgauer Rind / cattle
Nationalpark Kalkalpen Bio-Rind / organic beef
Nockberge Almrind / highland cattle
Mittelkärntner Blondvieh / Carinthian Blond cattle
Alpenvorland Rind / cattle
Schneebergland Jungrind / young cattle
Wienerwald Weiderind / grass-fed beef
Nationalpark Neusiedlersee-Seewinkel Steppenrind / steppe cattle
Zickentaler Moorochse / fen steer
Osttiroler Berglamm / mountain lamb
Tennengauer Berglamm / mountain lamb
Mölltal – Glockner Lamm / lamb
Weizer Berglamm / mountain lamb
Ennstal Lamm / lamb
Innviertler Surspeck / cured bacon
Gurktaler Luftgeselchter Speck / air-cured bacon
Jauntaler Salami / salami
Weststeirisches Turopoljeschwein / Turopolje pig
Steirischer Vulkanland Schinken / ham
Tullnerfelder Schwein / pig
Weinviertler Schwein / pig
Schneebergland Schwein / pig
Pannonisches Mangalitzaschwein / Mangalitza pig
Ländle Alpschwein / alpine pig
Kleinwalsertaler Wild und Rind / game and cattle
Pinzgauer Kitz / kid
Pongauer Wild / game
Mehnitzaler Wild / game
Gesäuse Wild / game
Hochschwab Wild / game
Weinviertler Wild / game
Lilienfelder-Voralpen Wild / game

FISCH / FISH
GANS / GOOSE
RIND / BEEF
SCHAF / LAMB
SCHWEIN / PORK
WILD

g.g.A.
geschützte geografische Angabe
PGI
protected geographical indication

g.U.
geschützte Ursprungsbezeichnung
PDO
protected designation of origin

B Burgenland
K Kärnten / Carinthia
N Niederösterreich / Lower Austria
O Oberösterreich / Upper Austria
S Salzburg
ST Steiermark / Styria
T Tirol / Tyrol
V Vorarlberg
W Wien / Vienna

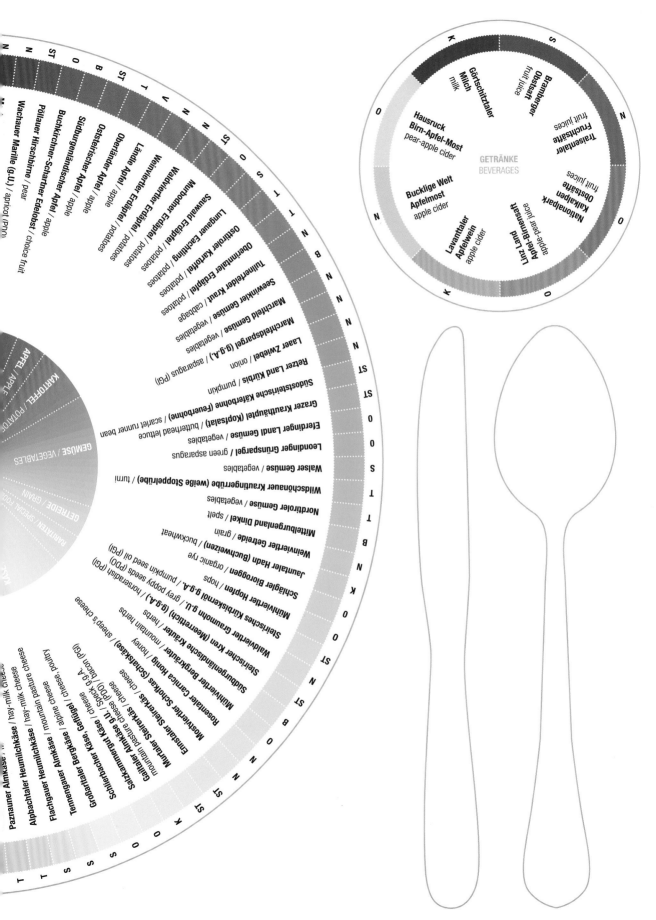

Was darf's sein, die Herrschaften?
May I take your order please?

Das Wiener Kaffeehaus ist mehr als ein Gastbetrieb, es ist eine Institution. Um als Tourist nicht aufzufallen, bestellt man das gewünschte Heißgetränk am besten möglichst präzise. Bei „Kaffee" unbedingt die Betonung auf der Endsilbe beachten! / The Vienna coffeehouse is more than just a café – it's an institution. In order not to be marked as a tourist, it's best to use the exact right name when ordering a hot drink. When saying "Kaffee", always put the accent on the last syllable!

Einspänner
- Schlag* whipped cream
- Kaffee oder Mocca / coffee or mocha

Fiaker
- Schlag* whipped cream
- Rum oder Cognac / rum or cognac
- Espresso

Franziskaner
- Schlag* / whipped cream
- Milch / milk
- Espresso

Maria Theresia
- Orangenlikör / orange liqueur
- Mocca / mocha

Mariloman
- Cognac
- Mocca / mocha

Mazagran
- Eiswürfel / ice cubes
- Maraschino / maraschino cherry
- Mocca / mocha

Mozart Kaffee
- Schlag* whipped cream
- Cherry Brandy
- Mocca / mocha

Obermayer**
- kaltes Obers / cold cream
- Mocca / mocha

Ristretto
- kurzer Espresso / short shot of espresso

* geschlagene Sahne

** nach einem Wiener Philharmoniker benannt
named after a member of the Vienna Philharmonic Orchestra

Biedermeier Kaffee
- Schlag* / whipped cream
- Marillenlikör / apricot liqueur
- Mocca / mocha

Brauner
- Kaffeeobers / cream
- Kaffee / coffee

Cappuccino
- Milchschaum / milk foam
- Milch / milk
- Espresso

Kaffee verkehrt
- Kaffee / coffee
- Milch / milk

Kaisermelange
- Honig / honey
- Cognac oder Weinbrand / cognac or brandy
- Eigelb / egg yolk
- Mocca / mocha

Kapuziner
- Milch oder Schlag* / milk or whipped cream
- Mocca / mocha

Melange
- Milchschaum / milk foam
- Milch / milk
- Espresso

Mocca
- starker Espresso / strong espresso

Wiener Eiskaffee
- Schlag* / whipped cream
- Vanilleeis / vanilla ice cream
- Mocca / mocha

Schale Gold
- heiß geschäumte Milch / foamy steamed milk
- Mocca / mocha

Verlängerter
- Wasser / water
- Schwarzer oder Brauner / black or brown

Süß wie die Liebe und zart wie ein Kuss

Sweet as love and tender as a kiss

Der farbenprächtige Mehlspeishimmel spiegelt Geschichte und Tradition wider. / The colourful world of cakes and pastries is steeped in history and tradition.

Zutaten
Ingredients

- **Mehl** / Flour
- **Wasser** / Water
- **Milch** / Milk
- **Grieß** / Semolina
- **Butter** / Butter
- **Ei** / Eggs
- **Eidotter** / Egg yolks
- **Eiklar** / Egg whites
- **Kristallzucker** / Granular suga
- **Puderzucker** / Icing sugar

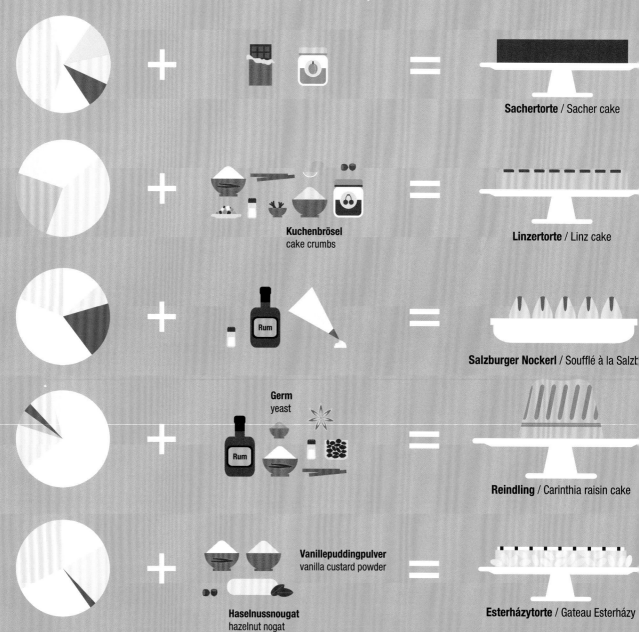

Sachertorte / Sacher cake

Kuchenbrösel cake crumbs

Linzertorte / Linz cake

Salzburger Nockerl / Soufflé à la Salzb

Germ yeast

Reindling / Carinthia raisin cake

Vanillepuddingpulver vanilla custard powder

Haselnussnougat hazelnut nogat

Esterházytorte / Gateau Esterházy

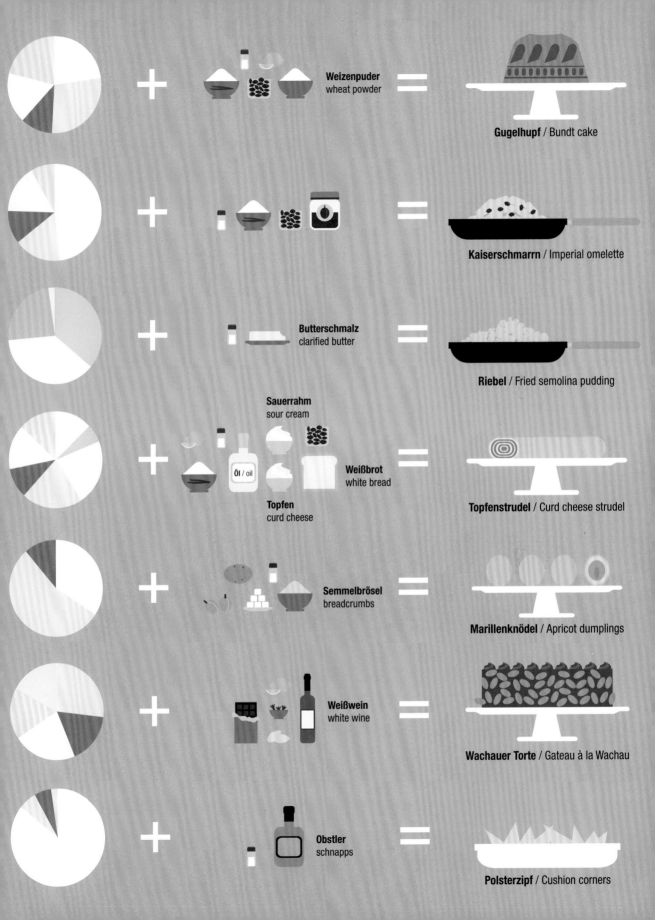

Weizenpuder
wheat powder

Gugelhupf / Bundt cake

Butterschmalz
clarified butter

Riebel / Fried semolina pudding

Sauerrahm
sour cream

Öl / oil

Weißbrot
white bread

Topfen
curd cheese

Topfenstrudel / Curd cheese strudel

Semmelbrösel
breadcrumbs

Marillenknödel / Apricot dumplings

Weißwein
white wine

Wachauer Torte / Gateau à la Wachau

Obstler
schnapps

Polsterzipf / Cushion corners

Kaiserschmarrn / Imperial omelette

Danke, gut war's!
Thanks, that was delicious!

Du bist, was du isst. Das landet in einem Jahr auf dem Teller einer
Österreicherin oder eines Österreichers. / You are what you eat.
This is what crosses the lips of a typical Austrian in a year's time.

39,2 kg
Schwein
pork

12,4 kg
Gefügel
poultry

18,6 kg
Äpfel
apples

11,5 kg
Bananen
bananas

4,7 kg
Erdbeeren
strawberries

4,5 kg
Birnen
pears

4,5 kg
Pfirsiche
peaches

2,8 kg
Marillen
apricots

9,4 kg
sonstiges Obst
other fruit

49,4 kg
Erdäpfel
potatoes

27,7 kg
Paradeiser
tomatoes

9,3 kg
Zwiebeln
onions

9 kg
Karotten
carrots

7 kg
Kraut
cabbage

8,8 kg
restliches Gemüse
other vegetables

37,7 kg
Zucker
sugar

4,4 kg
Reis
rice

1,2 kg
Honig
honey

0,5 kg
Hülsenfrüchte
legumes

106,9 l
Bier
beer

90,9 l
Mineralwasser
mineral water

30,5 l
Wein
wine

11,9 kg
Rind und Kalb
beef and veal

0,8 kg
Schaf und Ziege
lamb and goat

0,6 kg
Innereien
offal

0* kg
Pferd
horsemeat

0,7 kg
sonstige Fleischprodukte
other meat products

232
Eier
eggs

7,6 kg
Fisch
fish

79,1 l
Milch
milk

18,9 kg
Käse
cheese

5 kg
Butter
butter

70 kg
Brot
bread

58,6 kg
Weichweizen
common wheat

5,8 kg
Hartweizen
durum wheat

5,8 kg
Roggen
rye

13,8 kg
Körnermais
grain maize

0,3 kg
Gerste
barley

1,1 kg
Hafer
oats

5,2 kg
Ölsaaten
oilseeds

1 kg
anderes Getreide
other grains

39
Minuten pro Tag
minutes a day
**widmen die Österreicher
und Österreicherinnen
der Nahrungsaufnahme.**

13,2 %
**ihres Haushaltseinkommens
geben die Österreicher und
Österreicherinnen
für Lebensmittel aus.**
of their household income

44,9 %
**der Österreicher
sind übergewichtig.**
of Austrian men
are overweight.

29,9 %
**der Österreicherinnen
sind übergewichtig.**
of Austrian women
are overweight.

Eine Schnitte geht um die Welt
A wafer travels the world

Was alles in neun feinen Schichten steckt. / What goes into those nine delicate layers.

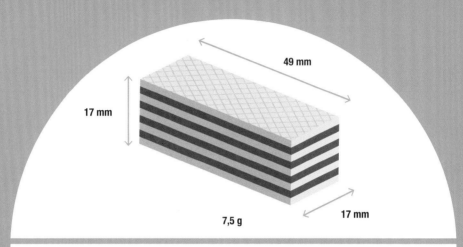

49 mm

17 mm

17 mm

7,5 g

1890 ————
Gründung der "Chocoladenfabrik Josef Manner"
Founding of the chocolate factory "Chocoladenfabrik Josef Manner"

———— **1897**
100 Mitarbei·
employees

Neapolitaner Schnitte No. 239

Eine 75-g-Taschenpackung Neapolitaner-Schnitten enthält:
A 75 g pack of Neapolitan wafers contains:

48,98 g **Kohlehydrate** / carbohydrates
4,05 **BE** / carbohydrate exchange
2,63 g **Ballaststoffe** / dietary fibre
4,2 g **Eiweiß** / protein
16,2 g **Fett** / fat

363,75 kcal

60
Vertrieb in Länder
Export in countries

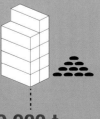

9.000 t
Kakaobohnen werden zu Schokolade verarbeitet
cocoa beans are made into chocolate

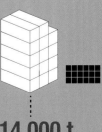

14.000 t
Schokolade werden hergestellt
chocolate is produced

Die süße Achse / The confectionary axis

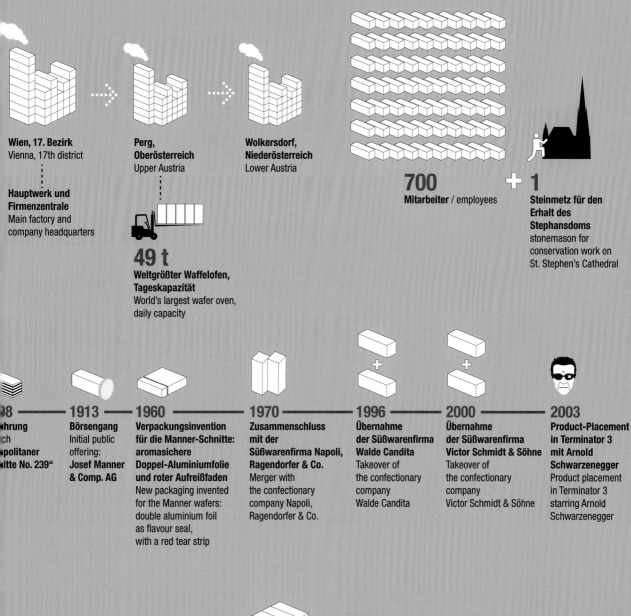

Wien, 17. Bezirk
Vienna, 17th district

Hauptwerk und Firmenzentrale
Main factory and company headquarters

Perg, Oberösterreich
Upper Austria

49 t
Weltgrößter Waffelofen, Tageskapazität
World's largest wafer oven, daily capacity

Wolkersdorf, Niederösterreich
Lower Austria

700
Mitarbeiter / employees

+ 1
Steinmetz für den Erhalt des Stephansdoms
stonemason for conservation work on St. Stephen's Cathedral

98
ährung
ch
politaner
itte No. 239"

1913
Börsengang
Initial public offering:
Josef Manner & Comp. AG

1960
Verpackungsinvention für die Manner-Schnitte: aromasichere Doppel-Aluminiumfolie und roter Aufreißfaden
New packaging invented for the Manner wafers: double aluminium foil as flavour seal, with a red tear strip

1970
Zusammenschluss mit der Süßwarenfirma Napoli, Ragendorfer & Co.
Merger with the confectionary company Napoli, Ragendorfer & Co.

1996
Übernahme der Süßwarenfirma Walde Candita
Takeover of the confectionary company Walde Candita

2000
Übernahme der Süßwarenfirma Victor Schmidt & Söhne
Takeover of the confectionary company Victor Schmidt & Söhne

2003
Product-Placement in Terminator 3 mit Arnold Schwarzenegger
Product placement in Terminator 3 starring Arnold Schwarzenegger

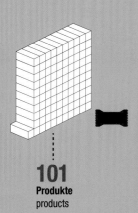

101
Produkte
products

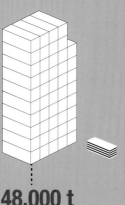

48.000 t
Süßwaren werden produziert
confectionary goods are produced

232.800.000.000 kcal
Das entspricht dem Jahresenergiebedarf von 318.904 Menschen.
This is equivalent to the annual calorie requirements of 318,904 people.

Weltberühmt in Österreich
Amazing Austria

Österreich ist großartig: en gros und en detail. / Austria is grand: overall and down to the last detail.

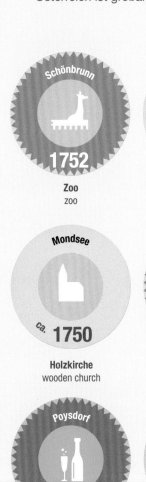

Schönbrunn

1752

Zoo
zoo

Aggsbach-Markt

25.000 v. Chr. / B.C.

altsteinzeitlicher Fund
Paleolithic find

Bittescher Gneis

1,38 Mill. Jahre / mill. years

Gestein
rock

Albrechtstberg Knochenpfeife / bone pipes

16-10.000 v. Chr. / B.C.

Musikinstrument
musical instrument

Weitra

1321

Braustadt
brewery town

Mondsee

ca. **1750**

Holzkirche
wooden church

St. Martin

1200

Glocke
bell

St. Paul Lavanttal

500

Buch
book

St. Paul Lavanttal

1091

bewohntes Kloster
inhabited monastery

Sparbach

1962

Naturpark
nature park

Poysdorf

1,98 m

Sektglas
champagne glass

Werfen

40 km

Eishöhle
ice cave

Admont

Handschriften **1400** manuscripts

Stiftsbibliothek
monastery library

Bregenz

Zuschauer **7000** audience members

Seebühne
floating stage

Lustenau

22 km²

Marktgemeinde
market town

Hohe Tauern

805 km²

Nationalpark
national park

Postalm

42 km²

Almgebiet
mountain pasture

Saalbach-Hinterglemm

> **5** km

Hochseilpark
high rope course

Potzneusiedl

198,5 m Höhe / hight

Windkraftanlage
wind farm

Neusiedler See

276,4

See
lake

der / die / das älteste
the oldest

Deutsch-Wagram
1852
Bahnhofsgebäude
railway building

Pögstall
ca. **1500**
erhaltene Folterkammer
surviving torture chamber

Hallstatt
1344 v. Chr. / B.C.
Holzstiege
wooden walkways

Breitenseer Lichtspiele Wien / Vienna
1905
Kino
cinema

Graz, Joanneum
1811
Museum
museum

Bürg-Vöstenhof
1033 Jahre / years
Baum
tree

Leibnitz
ca. **1780**
Weinkeller
wine cellar

Weiz
Ende **18. Jh** / late 18th century
Schauhöhle
show cave

Enns
1212
Stadt
town

---

die längste
the longest

Nassfeld-Hermagor
2,2 km
Flutlichtpiste
floodlit ski run

Nassfeld-Hermagor
6 km
Seilbahn
aerial tramway

der / die / das größte
the biggest

St. Lorenzen
70 m
höchste Schaukel
highest swing

Sölden
468 km²
Gemeinde, flächenmäßig
municipality, area-wise

Linde am Gschaider Sattel
Small-leaved lime at Gschaider Sattel
Umfang **12,16** m circumference
Baum
tree

Dornbirn
46.615 Einwohner / inhabitants
Stadtgemeinde (ohne Statut)
municipality (without city statutes)

Wien / Vienna
117,76 m²
Anteil an Gartenfläche
ratio of green areas

Wilder Kaiser-Brixental
91 Lifte / lifts
Skigebiet
ski area

Eisenstadt
> **700** Exponate / exhibits
Weinmuseum
wine museum

Alpenrekord
Alpine record

Europarekord
European record

Weltrekord
World record

Traditionspflege made in Austria
Cultivation of traditions made in Austria

Seit 1993 ist in Österreich die UNESCO-Welterbekonvention zum Schutz des Kultur- und Naturerbes in Kraft, 2009 wurde auch das Übereinkommen zur Erhaltung des Immateriellen Kulturerbes ratifiziert. / The UNESCO World Heritage Convention for the protection of cultural and natural heritage has been in effect in Austria since 1993, and the Convention for the Safeguarding of the Intangible Cultural Heritage was ratified in 2009.

Funkensonntag / Bonfire Sunday
Vereinigte zu Tamsweg / Tamsweg Union
Gasteiner Perchten / "Perchten" in Gastein
Ebenseer Glöcklerlauf / "Glöcklerlauf" in Ebensee
Ebenseer Fetzenzug / Rag procession in Ebensee
Bleiberger Knappenkultur / Mining culture in Bleiberg
Murauer Faschingrennen / Carnival run in Murau
Perchtoldsdorfer Hütereinzug / Wine guardian procession in Perchtoldsdorf
Telfer Schleicherlaufen / "Schleicherlaufen" in Telfs
Wiener Kaffeehauskultur / Viennese coffeehouse culture
Wirlinger Böllerschützen / Firecracker-shooters in Wirling
Salzburger Festschützenwesen / Shooting clubs in Salzburg
Fasnacht Imst – Schemenlaufen / Imst Carnival – "Schemenlaufen"
Windischgarstner Niglo-Umzug / "Niglo" procession in Windischgarsten
Fasnacht Nassereith – Schellerlaufen / Carnival Nassereith – "Schellerlaufen"
Bergfeuer Ehrwald / Mountain fires in the Ehrwald Valley in Tyrol
Lichtbratlmontag in Bad Ischl / "Lichtbratl"-Monday in Bad Ischl
Stille Nacht – das Lied zur Weihnacht / Silent Night – the Christmas carol
Anklöpfeln im Tiroler Unterland / "Anklöpfeln" in the Tyrolean lowlands

GESELLSCHAFTLICHE PRAKTIKEN, RITUALE UND FESTE
SOCIAL PRACTICES, RITUALS AND FESTIVE EVENTS

Blochziehen in Fiss / "Bloch-pulling" in Fiss
Hundstoaranggeln / "Hundstoaranggeln"
Samsontragen im Lungau und Bezirk Murau / "Samsontragen" in Lungau and Murau
Mullen und Matschgern in den Martha-Dörfern / "Mullen" and "Matschgern" in the Martha villages
Pinzgauer Tresterertanz der Salzburger Alpinia / "Tresterer" dance in Pinzgau of the folklore association Salzburg Alpinia
Verein für gegenseitige Hilfeleistung bei Brandfällen „Nebenleistung" / Association for mutual assistance in fire emergencies ("ancillary service")
Festbrauch der Bürger- und Schützengarden des Bezirkes Murau / Festive practices of the citizen and shooting committees of the district of Murau
Aperschnalzen im historischen Rupertiwinkel / "Aperschnalzen" in the historic Rupertiwinkel

Märchenerzählen / Storytelling
Ötztaler Mundart / The Ötztal dialect
Lieder der Lovara / Songs of the Lovara
...en im Montafon / Narration in Montafon
...owenische Flur- und Hofnamen in Kärnten / Slovenian field and house names in Carinthia
...an – die Sprache der Burgenland-Roma / "Roman" – the language of the Romani people of Burgenland
...che Reitkunst und die Hohe Schule der Spanischen Hofreitschule / Classical horsemanship and the high school of the Spanish Riding School

MÜNDLICH ÜBERLIEFERTE TRADITIONEN
ORAL TRADITIONS AND EXPRESSIONS

Korbmachen – Flechtkunst mit Weiden, Stroh und gespaltenem Holz / Basketmaking – weaving with willow, straw and wood split
Ofen- und Kaminmaurerei im Burgenland / Stove and fireplace masonry in Burgenland
Bodensee-Radhaube in Laméspitze / Lake Constance headdress in lamé lace
Burgenländischer Indigo-Handblaudruck / Blue printing in Burgenland
Apothekeneigene Hausspezialitäten / Pharmaceutical specialities
Lesachtaler Brotherstellung / Breadmaking in the Lesach Valley
Pecherei in Niederösterreich / Resin extraction in Lower Austria
Hinterglasmalerei in Sandl / Reverse glass painting in Sandl
Ferlacher Büchsenmacher / Gunsmiths of Ferlach
Klöppelei in Salzburg / Bobbin lace in Salzburg
Schmieden in Ybbsitz / Forging in Ybbsitz
Köhlerei / Charcoal burning

TRADITIONELLE HANDWERKSTECHNIKEN
TRADITIONAL CRAFTSMANSHIP

Falknerei / Falconry
...ammergut Vogelfang / Bird catching in Salzkammergut
...EN UND PRAKTIKEN IN BEZUG AUF DIE NATUR UND DAS UNIVERSUM
...WLEDGE AND PRACTICES CONCERNING NATURE AND THE UNIVERSE
...issen der PinzgauerInnen / Healing knowledge of Pinzgauer men and women
...en um die Haselfichte als Klangholz / The knowledge of hazel spruce as tonewood
...tufenlandwirtschaft im Bregenzerwald / Three-step-agriculture in the Bregenz Forest
...humanz – Schafwandertriebe in den Ötztaler Alpen / Transhumance – the driving of sheep in the Oetztal Alps

Wiener Dudler / Viennese yodelling
Maultrommelspiel / Jew's Harp Play
Passionsspiele Erl / Passion playing in Erl
Innviertler Landler / The "Landler" of the Innviertel
Rudentanz in Sierning / "Ruden" dance in Sierning
Dürrnberger Schwerttanz / Sword dance of Dürrnberg
Heiligenbluter Sternsinger / Carol singing in Heiligenblut
Österreichische Volkstanzbewegung / Austrian folk dance movement
Sternsingen im Villgratental (Außervillgraten und Innervillgraten) / Carol singing in the Tyrolian Villgraten Valley (Inner and Outer Villgraten)

DARSTELLENDE KÜNSTE
PERFORMING ARTS

...adt Graz –
...storisches Zentrum
...d Schloss Eggenberg
...ty of Graz –
...storic Centre and
...chloss Eggenberg

Die Kulturlandschaft
Wachau
Wachau Cultural
Landscape

Prähistorische
Pfahlbauten
um die Alpen
Prehistoric Pile
Dwellings around
the Alps

Das historische
Zentrum von Wien
Historic Centre
of Vienna

Die Kulturlandschaft
Fertö-Neusiedler See
Fertö-Neusiedler See
Cultural Landscape

Die fünfte Jahreszeit
The fifth season

Wann und wo Perchten, Glöckler, Wampeler und andere Gesellen ihr Unwesen treiben. / When and where Perchten, Glöckler, Wampeler and other fellows frolic and get into mischief.

JANUAR / JANUARY

1.
APERSCHNALZEN
◦ Oberösterreich / Upper Austria
Linz
Rhythmisches Schnalzen mit einer bis zu 4 m langen Peitsche, um die guten Geister, den Frühling und die Sonne zu wecken und den Winter zu vertreiben (von aper, „schneefrei"). / Rhythmical flicking of a whip, up to 4 m long to awaken the good spirits, the spring and the sun, and drive away the winter (the name comes from aper, "snow-free").

4.–5.
NEBELBERGER RAUHNACHTSPIEL
◦ Oberösterreich / Upper Austria
Rohrbach, Aigen Mühlkreis, Julbach, Peilstein, Nebelberg, Kollerschlag
Rauhnachtsingen, das nur alle 10 Jahr von 40 Männern aufgeführt wird / Rauhnacht singing takes place only every 10 years, performed by 40 men.

5.
HEILIGENBLUTER STERNSINGER
• Kärnten / Carinthia
Heiligenblut
8 Gruppen mit Musikern, Sängern und Sternträgern besuchen alle Häuser des Ortes, singen das Sternlied und bringen den Segensspruch Christus Mansionem Benedicat (CMB) über der Haustüre an. / 8 groups of musicians, singers and star bearers go from house to house, singing the "star song" and chalking the blessing Christus Mansionem Benedicat (CMB) over the door of each home.

GLÖCKLERLÄUFE
◦ Oberösterreich / Upper Austria,
• Steiermark / Styria
Salzkammergut; Ebensee; Gröbming, Ennstal; Wildalpen, Hinterwildalpen
Umzug der Glöckler („gute

Lichtgeister") mit kunstvollen Kappen und Glocken / Parade of Glöckler ("good light spirits") wearing artfully designed caps of wood and paper and ringing bells

-----

6.
PONGAUER PERCHTENLAUF
• Salzburg
Altenmarkt, Bad Gastein, Bischofshofen, St. Johann
Umzug zweier Gruppen: der Schönperchten mit tafelartigem Kopfputz und der Schiachperchten mit furchterregenden Larven Parade of two groups: the Schönperchten (beautiful) wearing decorated panels as headdresses and the Schiachperchten (ugly) wearing scary masks

-----

nach / after 9.
WAMPELERREITEN IN AXAMS
• Tirol / Tyrol
Axams
Fasnachtszug der Wampeler; Höhepunkt am „Unsinnigen Donnerstag" / Carnival parade of the Wampeler; high point on "Silly Thursday"

FEBRUAR / FEBRUARY

Fastnacht
Carnival

-----

1. Sonntag nach Aschermittwoch (1. Fastensonntag)
1st Sunday after Ash Wednesday (1st Sunday of Lent)

FUNKENSONNTAG
• Tirol / Tyrol
Tiroler Oberland Ein großer Holzturm oder Strohhaufen (Funken) wird abgebrannt, in den eine anne und eine Hexenpuppe

---

gesteckt ist. / A fir tree with a witch doll attached is stuck into a tall wooden tower or pile of straw (the spark), which is then burned to the ground.

NASSEREITHER SCHELLERLAUFEN
• Tirol / Tyrol
Nassereith Umzug mit ausdrucksstarken Holzmasken parade featuring expressive wooden masks

FISSER BLOCHZIEHEN
• Tirol / Tyrol
Fiss
Der Bloch, ein 6 t schwerer und 30 m langer Zirbenstamm, wird durch das Dorf gezogen. Er repräsentiert den Pflug, der den Boden für die Aussaat aufbricht und symbolisiert damit den Frühling. / The Bloch, the trunk of a Swiss pine tree 30 m long and weighing 6 t is pulled through the village. It represents the plough that tills the earth for sowing, symbolising spring.

WENNER FASTNACHT IM PITZTAL
• Tirol / Tyrol
Pitztal
Hauptmasken sind Scheller („Winter") und Roller („Frühling"). The main masks are Scheller ("Winter") and Roller ("Spring").

SCHLEICHERLAUFEN IN TELFS
• Tirol / Tyrol
Telfs
Umzug der Schleicher mit ihren kunstvollen Hutaufbauten / Parade of the Schleicher with their elaborate headdresses

FASCHING IN KITZBÜHEL: SCHNITZELBANK
• Tirol / Tyrol
Kitzbühel
Ausrutscher („Schnitzer") und Ereignisse des letzten Jahres werden in Reimform vorgetragen. Gaffes ("Schnitzer") and events of the past year are presented as rhymes.

SCHEIBENSCHLAGEN IN LANDECK
• Tirol / Tyrol
Landeck
Die Feuer sollen vor Schaden bewahren und reinigende Kraft haben. / The fires are meant to guard against harm and spread a purifying energy.

AUSSEER FASCHING
• Steiermark / Styria
Bad Aussee
Traditionelle Masken, u. a. die Trommelweiber, die in Wirklichkeit alle Männer sind! / Traditional masks include the Trommelweiber ("Drummer Women"), which actually conceal the faces of men!

Rosenmontag
Rose Monday
FETZENFASCHING IN EBENSEE
◦ Oberösterreich / Upper Austria
Ebensee
Die Hutzen und Fetzen sind bekleidet mit Kostümen aus, abgetragenen Frauenkleidern und bunten Stoffresten. / The Hutzen and Fetzen are dressed in costumes made out of worn-out women's clothing and colourful tatters.

FASCHINGRENNEN IM KRAKAUTAL
• Steiermark / Styria
Krakautal
Jede der 3 Gemeinden des Tals hat ihre eigene Faschingrennergruppe, die allein Männern vorbehalten sind. / Each of the 3 communities in the valley has its own carnival group, in which only men participate.

MÄRZ / MARCH

Karfreitag
Good Friday

OSTERRATSCHEN
Da die Kirchenglocken nicht läuten, ziehen Kinder mit Ratschen (hölzernen Instrumenten) durch die Dörfer, um an die Gebetszeiten zu erinnern. / As the church bells don't ring, children walk through the village streets with Ratschen (wooden instruments) to call to prayer.

APRIL

23. oder / or 24.
GRASAUSLÄUTEN
• Tirol / Tyrol
Lärmumzüge mit Glocken und Schellen, durch die der Winter ausgetrieben werden soll / Noisy parades with people ringing bells to drive away winter

---

GEORGIRITTE UND GEORGIFEU
◦ Oberösterreich / Upper Austr
• Salzburg
Pferdewallfahrten und Feuer z Ehren des heiligen Georg
Pilgrimages on horseback and fi honour St. George

HOTTERGANG
• Burgenland
gemeinschaftliches Begehen Grenzen / Groups set out to pat their town's borders.

-----

23. oder / or 24. oder / o
Pfingsten / Whitsun
HEISCHEUMZÜGE
Rundgänge durch das Dorf, be denen Kinder oder Jungmänne kleine Gaben bitten / Children young men roam through the vill asking for small donations.

MAI / MAY

1.
MAIBAUM / MAYPOLE
Ein hoher Nadelbaum ohne Äs und Rinde wird aufgestellt. Um finden Tänze und Wettkämpfe statt. / A tall evergreen without boughs or bark is set up in the to square. All around the Maypole, dances and contests take place.

KRANZLREITEN
• Kärnten / Carinthia
Weitensfeld im Gurktal
Ausritt zu Pferd und Wettlauf u den „Kuss der Jungfrau" / Men out on horseback and compete fo "virgin's kiss".

KUFENSTECHEN
• Kärnten / Carinthia
Feistritz im Gailtal
Junge Männer in Tracht reiten ungesattelten Pferden und schlagen dabei mit Eisenkeule auf ein Holzfass ein. / Young me folk dress riding bareback strike wooden barrel with iron clubs.

--

nleichnam

pus Christi

SWEGER SAMSON
alzburg
sweg
zug einer 6,2 m großen und
kg schweren Figur / Procession
ring a figure 6.2 m tall and
ghing 105 kg

--

NI / JUNE

RZISSENFEST / DAFFODIL
TIVAL
eiermark / Styria
Aussee
Btes Blumenfest Österreichs
est flower festival in Austria

--

MMERSONNWENDE / SUMMER
STICE
te mit Feuern / Festivities with

JLI / JULY

JGUST

EPTEMBER

de September bis Mitte
tober
d of September to
d-October

MABTRIEB / ALMABTRIEB
den Heimweg wird das Vieh mit
dern und Blumen geschmückt
ufkranzen") und mit großen
cken behängt. / On their way
n for the winter, the livestock is
ively decorated ("wreathed") with
ons and flowers, and large bells
hung around the animals' necks.

NTEDANK / HARVEST FESTIVAL
er anlässlich der Einbringung
Ernte mit Gabensegnung und
rrfest / Celebration of the harvest
blessings and parish festival

OKTOBER / OCTOBER

NOVEMBER

6.
LEONHARDIRITTE
Segnung von Pferden und Reitern
zu Ehren des heiligen Leonhard,
dem Schutzpatron von Rindern und
Pferden / Blessing of horses and
riders in honour of St. Leonhard,
patron saint of cattle and horses

Sonntag nach / Sunday after
6.
**PERCHTOLDSDORFER
HÜTEREINZUG**
• **Niederösterreich** / Lower Austria
Traditioneller Umzug der
Perchtoldsdorfer Weinhüter
Traditional procession of the
"vineyard keepers" of Perchtoldsdorf

11.
MARTINI
Ganslessen, Laternenumzug der
Kinder und Weinsegnung / Goose
dinner, parade of children carrying
lanterns and blessing of the wine

15.
LEOPOLDI
• **Wien** / Vienna,
• **Niederösterreich** / Lower Austria

Samstag vor / Saturday
before 25.
KATHREINTANZ
• **Oberösterreich** / Upper Austria,
• **Salzburg**
Abschluss der Tanzsaison / End of
the dance season

DEZEMBER / DECEMBER
Advent

DIE KLÖCKLER VOM GEGENDTAL
• **Kärnten** / Carinthia
zwischen Treffen und Afritz
Bauernburschen ziehen als
Klöckler verkleidet von Haus zu
Haus und wünschen den
Bewohnern Gesundheit für das
kommende Jahr. Zum Dank wird
ihnen eine deftige Jause serviert.
Young farmers go from house to
house costumed as Klöckler
(knockers) and wish the residents
health in the coming year. As thanks,
they are served a hearty snack of
bread and cold cuts.

---

3 Donnerstage vor
Weihnachten
3 Thursdays before Christmas
ANKLÖPFELN
• **Tirol** / Tyrol
Unterinntal
Als Hirten verkleidete Sänger
gehen von Haus zu Haus und
singen Lieder Weihnachtslieder.
Male singers costumed as shepherds
go from house to house singing
Christmas carols.

4.–6.
KLAUBAUFGEHEN
• **Tirol** / Tyrol
Matrei
Umzug der Kleibeife,
furchterregender Figuren mit
Schafsfellen, Glocken und
holzgeschnitzten Larven mit
aufgesetzten Tierhörnern / Parade
of the Kleibeife, scary figures wearing
sheep skins, bells and carved wooden
masks with animal horns

5.
HÖLLISCHER BARTLUMZUG
• **Kärnten** / Carinthia
St. Veit an der Glan
400 Perchten (gruselige Gesellen
mit Kostümen und Masken) lassen
ein südgermanisches
Fruchtbarkeitsritual
wiederaufleben. / 400 Perchten
(people wearing creepy costumes and
masks) revive an South Germanic
fertility ritual.

6.
**ROSENTALER NIKOLAUS UND
KRAMPUS**
• **Kärnten** / Carinthia
Suetschach
Umzug einer seit 1889 genau
festgelegten Figurengruppe: hl.
Nikolaus, Magd, Glöckner,
Korbträgerin, Einspieler (Gendarm)
Parade of a group of figures defined
precisely in 1889: St. Nicholas, Maid,
Bell Ringer, Basket Carrier, Einspieler
(Gendarme)

SCHIFFERLSETZEN
• **Niederösterreich** / Lower Austria
Spitz an der Donau
Kinder setzen ihre
selbstgebastelten, geweihten
Schiffe mit einer Kerze in die
Donau. Das soll Glück und Segen
bringen. / Children launch
homemade boats with a candle on
board into the Danube for good
fortune and blessings.

8.
PERCHTENLAUF
• **Niederösterreich** / Lower Austria
Krems
Umzug wilder Gesellen, die den
Winter vertreiben sollen / Parade of
wild fellows to drive away winter

21.–22.
WINTERSONNENWENDE / WINTER
SOLSTICE
• **Niederösterreich** / Lower Austria
Rossatz-Arnsdorf, Melk
Dass die Tage nun wieder länger
werden, wird mit einem Fest
gefeiert. / A festival to celebrate the
days getting longer

21./22.12., 24./25.12.,
31.12., 5./6.1.
(**Rauhnächte** / Twelve Nights)
RÄUCHERN / SMOKING OUT,
AUSRAUKA
• **Kärnten** / Carinthia,
• **NO-Tirol** / Northeast Tyrol
Bauer oder Hausmutter, gefolgt
von Familie und Gesinde,
durchschreiten Haus, Hof und Stall
mit einer Glutpfanne–in der
Wacholderzweige, weihrauch,
Speik und geweihter Palmbusch
glimmen. Dabei wird Weihwasser
gesprengt und laut gebetet.
The farmer or matron, followed by
family and servants, walks through
house, yard and stall with a hot pan
holding smouldering juniper
branches, spruce resin, spikenard
and blessed palm branches. Holy
water is sprinkled around while
prayers are recited.

Weihnachten
Christmas
ROATELN
• **Kärnten** / Carinthia
Lavanttal, Görtschitztal
Uralter Abwehr- und Bindezauber,
der Glück und eine gute Ernte
bringen soll / Ancient defensive and
binding spell said to bring good
fortune and a good harvest

24.12.–6.1.
STERNSINGEN IM VILLGRATENTAL
• **Tirol** / Tyrol
Villgratental
Zwei Tage lang gehen verkleidete
Gruppen von Haus zu Haus und
singen Neujahrslieder. / For two
days, costumed groups go from
house to house singing New Year's
songs.

26.
KRAMBAMPERLBRENNEN
• **Oberösterreich** / Upper Austria
Ebensee, Bad Goisern
An Gasthaustischen werden
Obstschnäpse entzündet und
Zuckerstückchen in der Flamme
geschmolzen. Danach wird der
süße Schnaps verkostet. / At tables
in traditional inns fruit schnapps is lit
and sugar cubes melted in the flame.
Then the sweet schnapps is enjoyed
by the guests.

27.
JOHANNISTAG
• **Steiermark** / Styria
Weinsegnung und -verkostung
Wine blessing and tasting

STEFANIRITT
• **Steiermark** / Styria
Weststeiermark Besuchstag
(im Gegensatz zum Christtag, der
der Familie vorbehalten war),
Ausritte zu Pferd / Visiting day for

---

guests (in contrast to Christtag,
which is only for family), excursions
on horseback

28.
TAG DER UNSCHULDIGEN KINDER
DAY OF INNOCENT CHILDREN
• **Steiermark** / Styria
Kinder streichen Erwachsene mit
Birkenruten und sagen Sprüche
auf. Dafür bekommen sie Nüsse,
Äpfel, Kletzen, Geld. / Children
touch adults with birch sticks and
recite sayings. In return they receive
nuts, apples, dried pears and money.

Jahresende
Year-end
**SCHLÜSSELBACKEN – QUATEMBER
BROT**
• **Kärnten** / Carinthia
Ins letzte Brot des Jahres wird ein
Schlüssel gebacken; es soll
Gesundheit und Glück bringen.
A key is baked into the last loaf of
bread of the year; said to bring health
and good fortune.

31.
SAUSCHÄDLESSEN
• **Niederösterreich** / Lower Austria
Wachau
Der gemeinsame Verzehr eines
Schweinekopfs soll Glück bringen.
Dining together on a pig's head is said
to bring luck.

INNVIERTLER MASCHKERER
• **Oberösterreich** / Upper Austria
Innviertel
Verkleidete Kasperl, Jäger und
Hausierer ziehen von Haus zu Haus
und spielen auf. / Costumed
Kasperle, hunter and pedlar figures go
from house to house playing music.

**DIE PUMMERIN LÄUTET DAS NEUE
JAHR EIN. /** THE PUMMERIN BELL
RINGS IN THE NEW YEAR.
• **Wien** / Vienna,
• **Österreich** / Austria
Das Geläut der größten Glocke
Österreichs (im Stephansdom) zu
Neujahr wird im Radio übertragen;
darauf folgt der Donauwalzer.
The sound of Austria's biggest bell
(in St. Stephen's Cathedral) ringing
in the New Year is played on the radio,
followed by the Blue Danube Waltz.

31.12.–Vormittag / morning
1.1.
NEUJAHR EINSCHIASSN
• **Niederösterreich** / Lower Austria
Mostviertel
Mit Nachbarn, Freunden und
Bekannten werden Böller
abgefeuert; danach gibt es Speis
und Trank. / People join neighbours,
friends and acquaintances to set off
fireworks and then enjoy food and
drink together.

In die Berg sind sie gern'
The mountains beckon

Reisen nach Österreich lohnen sich für Gäste und Gastgeber. /
Trips to Austria are worthwhile for both guests and their hosts.

36,2 **Mio.** / mil.
Ankünfte / arrivals

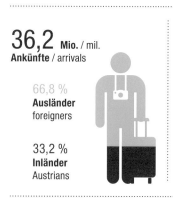

66,8 %
Ausländer
foreigners

33,2 %
Inländer
Austrians

131 **Mio.** / mil.
Nächtigungen pro Jahr
overnight stays per year

3,4 **Tage** / days
bleibt ein Tourist
durchschnittlich im Land.
Average tourist stay
in the country

96 €
gibt ein Tourist
durchschnittlich am Tag aus.
Average amount a tourist
spends per day

Bettenangebot und Anzahl der Beherbergungsbetriebe
Beds available and number of accommodations

Betten / number of beds

1.093.200 **insgesamt** / in total

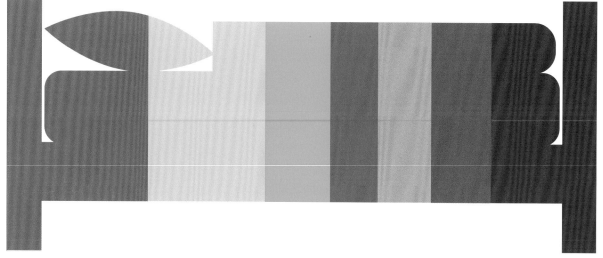

259.400
4- und
5-Sterne-Hotels
4- and
5-star hotels

216.200
3-Sterne-Hotels
3-star hotels

119.100
1- und
2-Sterne-Hotels
1- and
2-star hotels

85.500
gewerbliche
Ferienwohnungen
und -häuser
commercial
holiday flats
and houses

105.800
andere Unterkünfte
(Kurheime,
Jugendherbergen etc.)
other types of
accommodation
(sanatoriums,
youth hostels, etc.)

107.000
Privatquartiere
und Urlaub
auf dem
Bauernhof
private
guesthouses
and holiday farms

200.100
private
Ferienwohnungen
und -häuser
private holiday
flats and
houses

Anzahl Touristen nach Bundesland:
Number of tourists per province:

7,1 %
Oberösterreich
Upper Austria

6,8 %
Niederösterreich
Lower Austria

17,3 %
Salzburg

15,5 %
Wien
Vienna

6,1 %
Vorarlberg

27,4 %
Tirol
Tyrol

2,6 %
Burgenland

7,8 %
Kärnten
Carinthia

9,4 %
Steiermark
Styria

Wo die Österreich-Urlauber herkommen:
Where tourists in Austria come from:

36,2
Mio. Österreich-Urlauber
mil. tourists in Austria

33,2 %	31,6 %	4,7 %	3,5 %	2,9 %	2,0 %	1,7 %	1,5 %	1,4 %	1,4 %	16,1 %
Österreich	**Deutschland**	**Niederlande**	**Schweiz & Liechtenstein**	**Italien**	**Vereinigtes Königreich**	**Tschechien**	**USA**	**Frankreich**	**Belgien**	**andere**
Austria	Germany	Netherlands	Switzerland & Liechtenstein	Italy	United Kingdom	Czech Republic	USA	France	Belgium	others

---

Wie die Österreich-Urlauber anreisen:
Which means of transport tourists in Austria use to arrive at their holiday destination:

75 %	7 %	7 %	6 %	3 %	1 %	1 %
Auto / car	**Flugzeug** / plane	**Bahn** / train	**Bus** / coach	**Wohnwagen, Wohnmobil** caravan, motorhome	**Motorrad** / motorbike	**andere** / others

---

Die Top-5-Sehenswürdigkeiten (Besucher pro Jahr):
The Top 5 sights (visitors per year):

2.600.000	2.400.000	1.500.000	995.643	871.296
Schloss Schönbrunn	**Tiergarten Schönbrunn**	**Basilika Mariazell**	**Festung Hohensalzburg**	**Österreichische Galerie Belvedere**
Schönbrunn Palace	Schönbrunn Zoo	Mariazell Basilica	Hohensalzburg Castle	

Das kostet Österreich
What Austria costs

Was man durchschnittlich berappen muss. / The average price of life in Austria

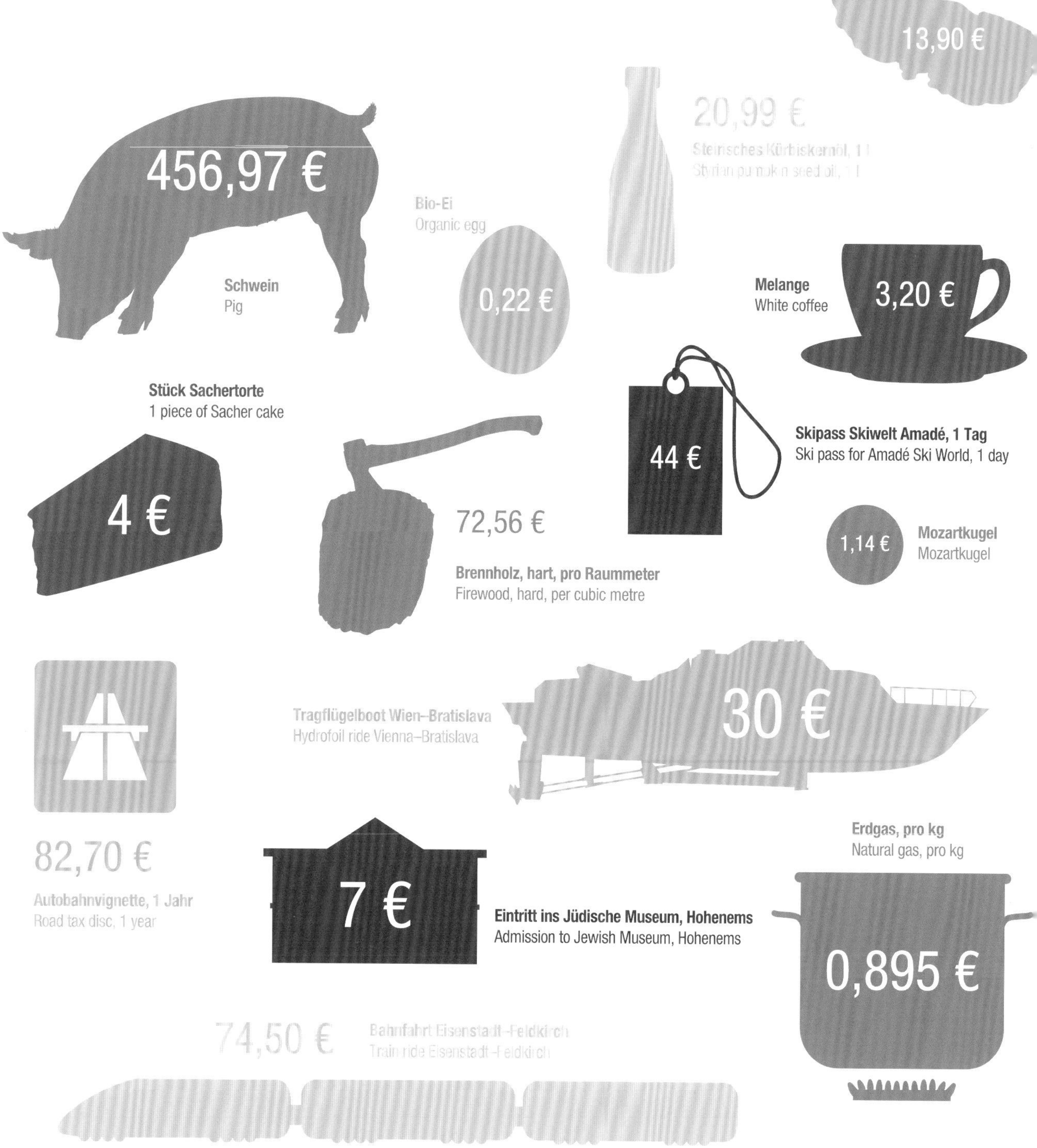

Wiener Schnitzel
Viennese veal cutlet

13,90 €

20,99 €

Steinsches Kürbiskernöl, 1 l
Styrian pumpkin seed oil, 1 l

456,97 €

Bio-Ei
Organic egg

Schwein
Pig

0,22 €

Melange
White coffee

3,20 €

Stück Sachertorte
1 piece of Sacher cake

44 €

Skipass Skiwelt Amadé, 1 Tag
Ski pass for Amadé Ski World, 1 day

4 €

72,56 €

Brennholz, hart, pro Raummeter
Firewood, hard, per cubic metre

1,14 € **Mozartkugel**
Mozartkugel

Tragflügelboot Wien–Bratislava
Hydrofoil ride Vienna–Bratislava

30 €

Erdgas, pro kg
Natural gas, pro kg

82,70 €

Autobahnvignette, 1 Jahr
Road tax disc, 1 year

7 €

Eintritt ins Jüdische Museum, Hohenems
Admission to Jewish Museum, Hohenems

0,895 €

74,50 € Bahnfahrt Eisenstadt–Feldkirch
Train ride Eisenstadt–Feldkirch

14,50 €

Eintritt Tierpark Herberstein, Stubenberg am See
Admission to Herberstein Animal Park, Stubenberg am See

1,09 €

Einheimische Milch, pro l
Austrian milk, per l

9 €

Fahrt mit dem Wiener Riesenrad
Ride on the Vienna Ferris Wheel

2,50 €

urgtheater Stehplatz
tanding room at the Burgtheater

185 € Teilnahme am „Iron Man"
Participation in "Iron Man"

3,10 €

Leitungswasser im Restaurant, ½ l
Mains water in restaurant, ½ l

1,273 €   1,369 €

Diesel, pro l   Super, bleifrei, pro l
Diesel, per l   Super petrol, unleaded, per l

2.116,14 €

Kuh
Cow

8 €

Besuch im Ars Electronica Center (AEC), Linz
Visit to Ars Electronica Center (AEC), Linz

Loge beim Opernball
Box at the Vienna Opera Ball

18.500 €

9,20 €

Kinokarte
Cinema admission

inbegriffen
for free
Wiener Schmäh
Viennese "charm"

18 € Segeln auf dem Neusiedler See, 1 Stunde
Sailing on Lake Neusiedl, 1 hour

gratis

Tiroler Gröstel auf Almhütte
Tyrolean fried potatoes at alpine cabin

8,50 €

Bergführer, 1 Tag
Mountain guide, 1 day

280 €

esichtigung des Goldenen Dachls, Innsbruck
iew of the Golden Roof, Innsbruck

Erst die Arbeit, dann das Vergnügen.
Business before pleasure.

Wie lange ein Industriearbeiter wofür arbeiten muss. / How many hours an industrial worker has to work for certain items.

1
Schweinsschnitzel
pork cutlet

1 l
Vollmilch
whole milk

1
Semmel
bread roll

500 g
Bohnenkaffee
coffee beans

0,75 l
Weißwein
white wine

1980

2000

2012

INFLATIONSRATE / RATE OF INFLATION

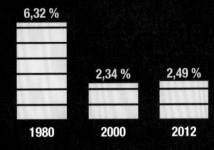

6,32 %
1980

2,34 %
2000

2,49 %
2012

1 l
Superbenzin
Super petrol

Haare waschen und legen
Salon hair wash and set

1
Stunde Installateursarbeit
hour plumber's work

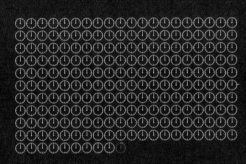
Farbfernseher
colour TV

We are the champions!

Fast 130 österreichische Firmen sind in Bezug auf Marktanteil, Technologie oder Exportrate weltmarktführend – dazu kommt Traditionsbewusstsein „Made in Austria". / Nearly 130 Austrian companies are world leaders in terms of market share, technology or export rates – taking pride in the tradition "Made in Austria".

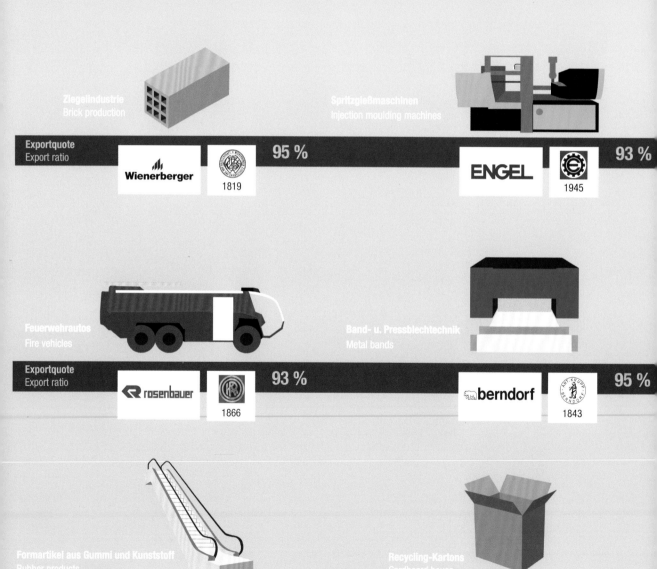

Ziegelindustrie
Brick production

Spritzgießmaschinen
Injection moulding machines

Exportquote
Export ratio

Wienerberger · 1819 — 95 %

ENGEL · 1945 — 93 %

Feuerwehrautos
Fire vehicles

Band- u. Pressblechtechnik
Metal bands

Exportquote
Export ratio

rosenbauer · 1866 — 93 %

berndorf · 1843 — 95 %

Formartikel aus Gummi und Kunststoff
Rubber products

Recycling-Kartons
Cardboard boxes

Exportquote
Export ratio

SEMPERIT · Semperit · 1824 — 89 %

MM KARTON AG · 1900 — 96 %

Ladekräne
Truck cranes

95 %

1932

Seilbahnen
Ropeways

85 %

1892

Motorräder
Motorcycles

96 %

1934

Telekommunikation, Verkehrstelematik
Intelligent transportation systems

90 %

kapsch >>>
1892

Fernoptische Präzisionsgeräte
High-precision long-range optical products

93 %

SWAROVSKI
OPTIK

1935

Hochleistungswerkstoffe
High-performance materials

98 %

plansee
GROUP

1921

Stahlindustrie
Rail and steel technologies

88 %

voestalpine
EINEN SCHRITT VORAUS.

1938

Flugzeugkomponenten
Aircraft components

99 %

facc

1924

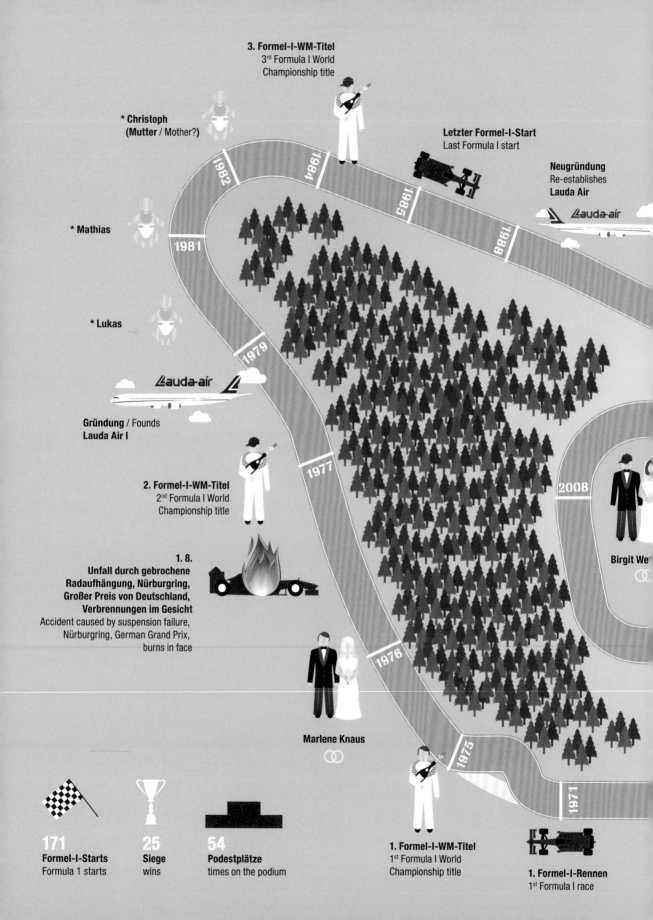

3. Formel-I-WM-Titel
3rd Formula I World
Championship title

* **Christoph**
(Mutter / Mother?)

Letzter Formel-I-Start
Last Formula I start

Neugründung
Re-establishes
Lauda Air

Lauda-air

1982

1984

1985

1988

* **Mathias**

1981

Lauda-air

1979

Gründung / Founds
Lauda Air I

* **Lukas**

2008

1977

2. Formel-I-WM-Titel
2nd Formula I World
Championship title

Birgit We

1. 8.
Unfall durch gebrochene
Radaufhängung, Nürburgring,
Großer Preis von Deutschland,
Verbrennungen im Gesicht
Accident caused by suspension failure,
Nürburgring, German Grand Prix,
burns in face

1976

Marlene Knaus

1975

1971

171
Formel-I-Starts
Formula 1 starts

25
Siege
wins

54
Podestplätze
times on the podium

1. Formel-I-WM-Titel
1st Formula I World
Championship title

1. Formel-I-Rennen
1st Formula I race

Mister Kapperl
The man with the cap

Niki Lauda: Österreichs rasantestes Leben /
Niki Lauda: Life in Austria's fast lane

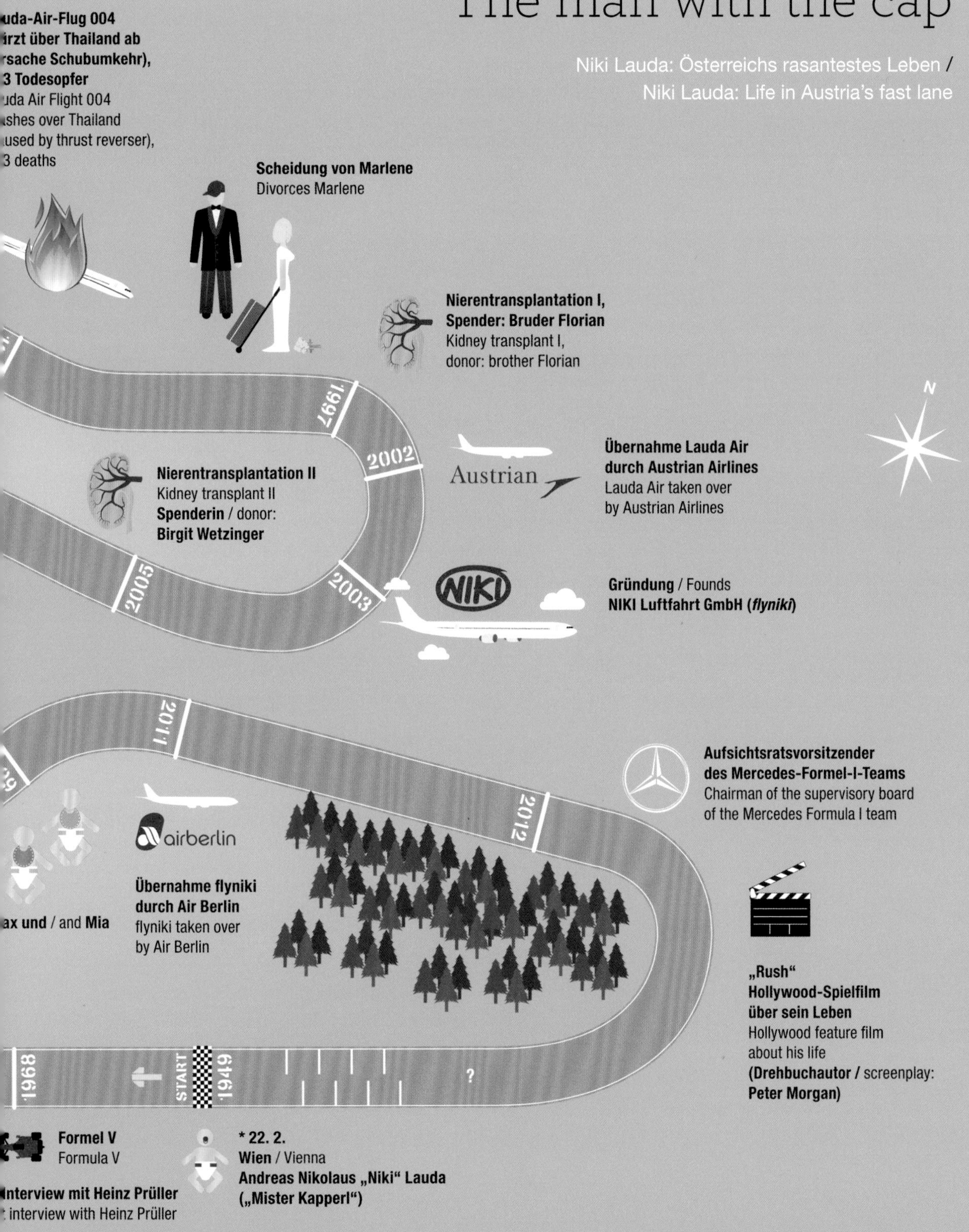

**uda-Air-Flug 004
rzt über Thailand ab
sache Schubumkehr),
3 Todesopfer**
uda Air Flight 004
shes over Thailand
used by thrust reverser),
3 deaths

Scheidung von Marlene
Divorces Marlene

**Nierentransplantation I,
Spender: Bruder Florian**
Kidney transplant I,
donor: brother Florian

Nierentransplantation II
Kidney transplant II
Spenderin / donor:
Birgit Wetzinger

Austrian

**Übernahme Lauda Air
durch Austrian Airlines**
Lauda Air taken over
by Austrian Airlines

Gründung / Founds
NIKI Luftfahrt GmbH (*flyniki*)

1997

2002

2005

2003

2011

2012

**Aufsichtsratsvorsitzender
des Mercedes-Formel-I-Teams**
Chairman of the supervisory board
of the Mercedes Formula I team

 airberlin

**Übernahme flyniki
durch Air Berlin**
flyniki taken over
by Air Berlin

**„Rush"
Hollywood-Spielfilm
über sein Leben**
Hollywood feature film
about his life
(Drehbuchautor / screenplay:
Peter Morgan)

ax und / and Mia

1968

START 1949

?

Formel V
Formula V

* 22. 2.
Wien / Vienna
**Andreas Nikolaus „Niki" Lauda
(„Mister Kapperl")**

nterview mit Heinz Prüller
interview with Heinz Prüller

Es lebe der Sport!
Long live sport!

23 % der Österreicher treiben einmal pro Woche Sport; manche haben es zu Legenden in ihrer Disziplin gebracht. / 23 % of Austrians do sports once a week; some have become legends in their disciplines.

He
1939
Hanna Eigel

Iw
1940
Ingrid Wendl

Ck
1961
Claudia
Kristofics-Binder

Ed
1944
Emmerich Danzer

Mh
1963
Michael Hadschieff

Eisschnelllauf
Speed skating

Ski alpin
Alpine skiing

Bs
1951
Beatrix Schuba

Eh
1966
Emese Hunyady

Em
1924
Erika Mahringer

Tk
1926
Trude Klecker

Tj
1927
Trude Jochum-Beiser

Dr
1928
Dagmar Rom

Eh
1932
Ernst Hinterseer

Js
1937
Josef Stiegler

K
1
Karl S

Ck
1972
Christian
Kornhauser

Sh
Sabine Haller

Am
1953
Annemarie
Moser-Pröll

Bh
1954
Brigitte Habersatter

Sg
1956
Sabine Gasteiger

Hs
1962
Hubert Strolz

Ek
1963
Elisabeth Kirchler

Rs
1963
Roswitha Steiner

S
1
Sigri

Ks
1909–1976
Karl Schäfer

Oa
1967
Oliver Anthofer

Pk
1969
Petra Kronberger

Dh
1970
Danja Haslacher

Rm
1971
Robert Meusburger

Hm
1972
Hermann Maier

Am
1973
Alexandra
Meissnitzer

Md
1973
Michaela
Dorfmeister

R
1
Renate

Am
1992
Anna-Maria
Manolakas

Fg
1976
Felix Gottwald

Nh
1983
Nicole Hosp

Sw
1954–1984
Sepp Walcher

Af
1985
Andrea Fischbacher

Cl
1988
Claudia Lösch

Af
1989
Anna Fenninger

Mh
1989
Marcel Hirscher

R
1966
Rudol

Ski nordisch

Ms
1903–1939
Matthias Sindelar

Jh
1948
Josef Hickersberger

Hk
1953
Hans Krankl

Hp
1955
Herbert Prohaska

Ap
1964
Anton Polster

Ah
1968
Andreas Herzog

E
1926
Ernst

Gh
1929–1980
Gerhard Hanappi

Ük
1985
Ümit Korkmaz

Fb
1911–1989
Franz Binder

Wz
1927–1991
Walter Zeman

Eh
1925–1992
Ernst Happel

Da
1992
David Alaba

M
1
Matthia

Fußball
Football

Golf
Golf

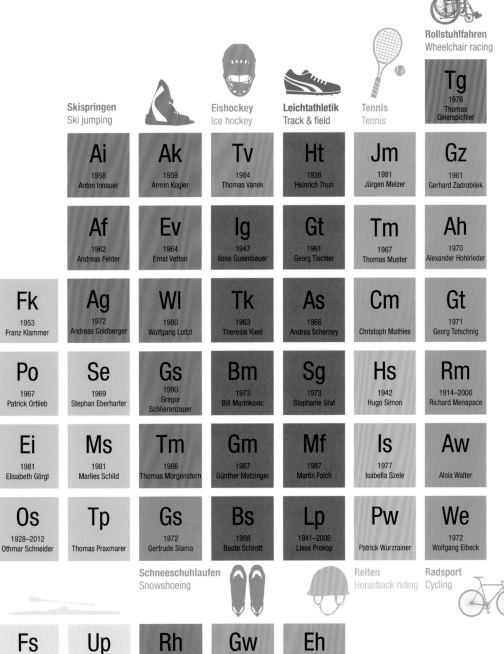

Rollstuhlfahren
Wheelchair racing

Tg — 1976 — Thomas Geierspichler

Skispringen / Ski jumping
Eishockey / Ice hockey
Leichtathletik / Track & field
Tennis / Tennis

Skispringen		Eishockey	Leichtathletik	Tennis	Rollstuhlfahren
Ai 1958 Anton Innauer	**Ak** 1959 Armin Kogler	**Tv** 1984 Thomas Vanek	**Ht** 1938 Heinrich Thun	**Jm** 1981 Jürgen Melzer	**Gz** 1961 Gerhard Zadrobilek
Af 1962 Andreas Felder	**Ev** 1964 Ernst Vettori	**Ig** 1947 Ilona Gusenbauer	**Gt** 1961 Georg Tischler	**Tm** 1967 Thomas Muster	**Ah** 1970 Alexander Hohlrieder

Dz 1949 David Zwilling
Fk 1953 Franz Klammer
Ag 1972 Andreas Goldberger
Wl 1980 Wolfgang Loitzl
Tk 1963 Theresia Kiesl
As 1966 Andrea Scherney
Cm Christoph Mathies
Gt 1971 Georg Totschnig

Aw 1967 Anita Wachter
Po 1967 Patrick Ortlieb
Se 1969 Stephan Eberharter
Gs 1990 Gregor Schlierenzauer
Bm 1973 Bill Marinkovic
Sg 1973 Stephanie Graf
Hs 1942 Hugo Simon
Rm 1914–2000 Richard Menapace

Hm 1979 Heidi Mackowitz
Ei 1981 Elisabeth Görgl
Ms 1981 Marlies Schild
Tm 1986 Thomas Morgenstern
Gm 1987 Günther Matzinger
Mf 1987 Martin Falch
Is 1977 Isabella Szele
Aw Alois Walter

Ts 1935–2009 Toni Sailer
Os 1928–2012 Othmar Schneider
Tp Thomas Praxmarer
Gs 1972 Gertrude Slama
Bs 1988 Beate Schrott
Lp 1941–2006 Liese Prokop
Pw Patrick Wurzrainer
We 1972 Wolfgang Eibeck

Schneeschuhlaufen / Snowshoeing
Reiten / Horseback riding
Radsport / Cycling

...ettern / ...mbing

Mr 1982 Markus Rogan
Fs 1921 Fritzi Schwingl
Up 1968 Ursula Profanter
Rh 1956 Roman Hagara
Gw 1966 Gerda Winklbauer
Eh 1955 Edith Hrovat

Mj 1986 Mirna Jukić
Kp 1943 Kurt Presslmayr
Ka 1970 Kate Allen
Hs 1968 Hans-Peter Steinacher
Ps 1960 Peter Seisenbacher
Em 1912–2007 Ellen Müller-Preis

Fechten / Fencing

...nis / ...nis
Schwimmen / Swimming
Kanu / Canoeing
Triathlon / Triathlon
Segeln / Sailing
Judo / Judo

Heiße Eisen und stramme Waden

Hot wheels and strong calves

Wie sich der Gebrauch von Auto und Fahrrad in den einzelnen Bundesländern auswirkt. / The impact of car and bicycle use in the various Austrian provinces

86

85 **Kärnten** / Carinthia
85 **Oberösterreich** / Upper Austria
83 **Burgenland**
80 **Salzburg**
81 **Vorarlberg**
79 **Steiermark** / Styria
79 **Tirol** / Tyrol

Niederösterreich / Lower Austria

59

Wien / Vienna

VON 100 HAUSHALTEN HABEN PKW.
IN 100 HOUSEHOLDS HAVE A CAR.

36

35 **Niederösterreich** / Lower Austria
33 **Oberösterreich** / Upper Austria
33 **Burgenland**
32 **Steiermark** / Styria
28 **Vorarlberg**
24 **Salzburg**
19 **Tirol** / Tyrol

Kärnten / Carinthia

9

Wien / Vienna

VON 100 HAUSHALTEN HABEN MEHR ALS 1 PKW.
IN 100 HOUSEHOLDS HAVE MORE THAN 1 CAR.

PM10-TAGESMITTELWERT (FEINSTAUB)
PM10 DAILY MEAN VALUE (PARTICULATE MATTER):

16

Vorarlberg

18 **Tirol** / Tyrol
31 **Salzburg**
38 **Oberösterreich** / Upper Austria
39 **Burgenland**
39 **Niederösterreich** / Lower Austria
46 **Kärnten** / Carinthia
58 **Wien** / Vienna

78

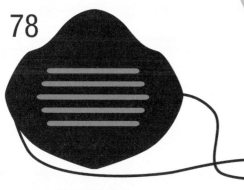

Steiermark / Styria

13.752

13.518 **Salzburg**
13.443 **Burgenland**
13.206 **Steiermark** / Styria
13.155 **Niederösterreich** / Lower Austria
13.060 **Tirol** / Tyrol
12.845 **Oberösterreich** / Upper Austria
12.807 **Wien** / Vienna

Kärnten / Carinthia

12.504

Vorarlberg

JAHRESKILOMETER PRO PRIVATEM PKW
ANNUAL KILOMETRES PER PRIVATE CAR

85

Vorarlberg

82 **Niederösterreich** / Lower Austria
82 **Oberösterreich** / Upper Austria
81 **Salzburg**
80 **Kärnten** / Carinthia
78 **Burgenland**
78 **Steiermark** / Styria
76 **Tirol** / Tyrol

71

Wien / Vienna

VON 100 HAUSHALTEN HABEN FAHRRÄDER.
IN 100 HOUSEHOLDS HAVE BICYCLES.

40

ien / Vienna

27 **Vorarlberg**
21 **Niederösterreich** / Lower Austria
21 **Oberösterreich** / Upper Austria
21 **Salzburg**
17 **Steiermark** / Styria
16 **Tirol** / Tyrol
13 **Kärnten** / Carinthia

9

Burgenland

**NUTZUNGSINTENSITÄT
DES FAHRRADS ZUM EINKAUFEN**
USAGE INTENSITY OF
BICYCLE FOR SHOPPING:

**VON 100 HABEN EINE JAHRESKARTE FÜR ÖFFIS
(ÖFFENTLICHE VERKEHRSMITTEL).**
IN 100 HOUSEHOLDS HAVE AN ANNUAL PASS FOR PUBLIC TRANSPORT.

0–17%

Wien / Vienna

18–25 % **Oberösterreich** / Upper Austria
26–33 % **Kärnten** / Carinthia
26–33 % **Tirol** / Tyrol
34–40 % **Burgenland**
34–40 % **Niederösterreich** / Lower Austria
34–40 % **Salzburg**

491

491.0
0:00:00

Vorarlberg

252 **Tirol** / Tyrol
247 **Niederösterreich** / Lower Austria
226 **Salzburg**
211 **Oberösterreich** / Upper Austria
205 **Kärnten** / Carinthia
196 **Burgenland**
188 **Steiermark** / Styria

178

178.0
0:00:00

Wien / Vienna

JAHRESKILOMETER PRO PRIVATEM FAHRRAD
ANNUAL KILOMETRES PER PRIVATE BICYCLE

> 40%

Vorarlberg

Lass' die Sonne in Dein Herz!
Let the sun shine in your heart!

Die regional unterschiedlichen Wetterlagen und deren Auswirkungen auf die
Gesundheit / Regional variations in weather patterns and their effect on health

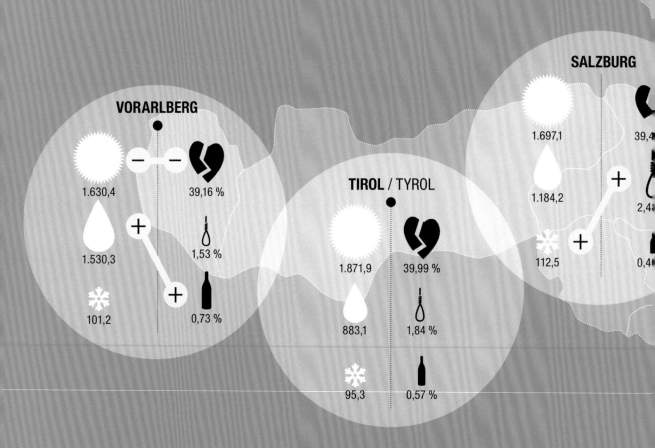

VORARLBERG

1.630,4

1.530,3

101,2

39,16 %

1,53 %

0,73 %

TIROL / TYROL

1.871,9

883,1

95,3

39,99 %

1,84 %

0,57 %

SALZBURG

1.697,1

1.184,2

112,5

39,4

2,4

0,4

 Am meisten
Most

Am wenigsten
Least

 **Sonnenstunden**
Hours of sunshine

 **Niederschlag in l/m²**
Precipitation in l/m²

 **Schneemenge in cm**
Snow in cm

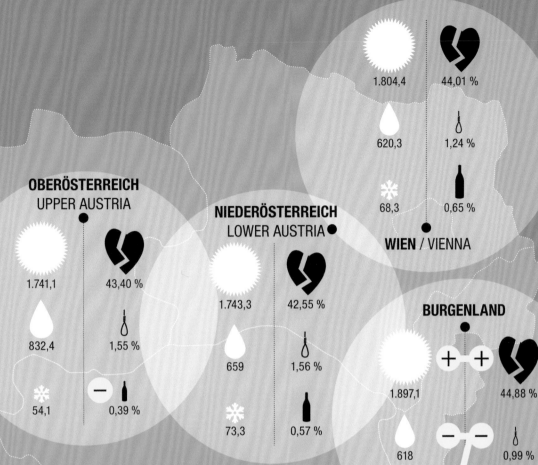

WIEN / VIENNA

1.804,4   44,01 %

620,3   1,24 %

68,3   0,65 %

OBERÖSTERREICH
UPPER AUSTRIA

1.741,1   43,40 %

832,4   1,55 %

54,1   0,39 %

NIEDERÖSTERREICH
LOWER AUSTRIA

1.743,3   42,55 %

659   1,56 %

73,3   0,57 %

BURGENLAND

1.897,1   44,88 %

618   0,99 %

47,1   0,42 %

KÄRNTEN / CARINTHIA

1.869   42,33 %

889,4   1,69 %

84,1   0,70 %

STEIERMARK / STYRIA

1.890   43,28 %

818,9   1,95 %

62,1   0,65 %

 Tod durch Herz-/Kreislauferkrankung (prozentualer Anteil an allen Todesfällen)
Death caused by cardiovascular diseases (as per cent of all deaths)

Selbstmord (prozentualer Anteil an allen Todesfällen)
Suicide (as per cent of all deaths)

 Alkohol (prozentualer Anteil an allen Todesfällen)
Alcohol (as per cent of all deaths)

100 Jahre im Zeitraffer
100 years in fast-motion

Ein historischer Parcours / A historical tour

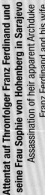

1914

28.6.
Attentat auf Thronfolger Franz Ferdinand und seine Frau Sophie von Hohenberg in Sarajevo
Assassination of heir apparent Archduke Franz Ferdinand and his wife Sophie of Hohenberg in Sarajevo

1915

1916

21.11.
Tod von Kaiser Franz Joseph I.; sein Großneffe Karl I. tritt die Nachfolge an.
Death of Emperor Franz Joseph I; his grandnephew Karl I succeeds him.

1917

30.10.
Provisorische Übergangsregierung unter dem sozialdemokratischen Staatskanzler Dr. Karl Renner
Provisional interim government led by the Social Democrat Chancellor Dr Karl Renner

1918

3.11.
Waffenstillstandsabkommen zwischen Österreich–Ungarn und den Alliierten führt zum Ende des Ersten Weltkrieges.
Ceasefire agreement between Austro–Hungary and the Allies leads to the end of the First World War.

16.2.
Erste Nationalratswahlen in Deutschösterreich
First National Council elections in German–Austria

Der Adel wird abgeschafft.
The nobility is officially abolished.

1919

11.11.
Kaiser Karl I. verzichtet auf die Führung der Staatsgeschäfte. / Emperor Karl I renounces participation in state affairs.

12.11.
Die provisorische Nationalversammlung ruft die Republik Deutschösterreich aus.
The provisional National Assembly proclaims the Republic of German–Austria.

10.9.
Friedensvertrag von Saint-Germain: Staatsname „Republik Österreich"
Treaty of Saint-Germain: "Republic of Austria" is adopted as state name.

1920

10.6.
Ende der Regierungskoalition von Christlichsozialen und Sozialdemokraten
End of the coalition government of Christian Socialists and Social Democrats

22.8.
Geburtsstunde der Salzburger Festspiele: Der „Jedermann" in der Textfassung von Hugo von Hofmannsthal wird erstmals auf dem Salzburger Domplatz inszeniert.
Birth of the Salzburg Festival: the text version of "Everyman" by Hugo von Hofmannsthal is performed for the first time on the cathedral square in Salzburg.

1921

1922

1923

1.4.
Tod von Karl I.
Death of Karl I

1924

1925

Einführung der Schillingwährung
Introduction of the schilling as national currency

1927

Errichtung des Karl-Marx-Hofes in Wien 1927–1934
Construction of the Karl Marx Hof public housing complex in Vienna

1928

1929

1930

1931

1932

1933

4.3.
**Alle drei Präsidenten des Nationalrats im Parlament treten zurück.
Bundeskanzler Engelbert Dollfuß verkündet die „Selbstausschaltung des Parlaments".**
All three National Council Presidents step down in Parliament.
Federal Chancellor Engelbert Dollfuss declares the "self-elimination of the Parliament".

12.–14.2. Bürgerkrieg / Civil war

**Austrofaschismus: Dollfuß proklamiert in der „Maiverfassung"
den „Bundesstaat Österreich" auf ständischer Grundlage.** 1.5.
Austrofascism: Dollfuss proclaims in the "May Constitution"
the "Federal State of Austria" on the basis of estates.

1934

ab
from
**Der Druck des nationalsozialistischen Deutschen Reichs auf Österreich
verstärkt sich immer mehr.**
The National Socialist German Reich exerts increasing pressure on Austria.

**„Juliputsch": NSDAP-Anhänger stürmen das Bundeskanzleramt.
Dollfuß wird verletzt und verstirbt im Amt,
da ihm medizinische Hilfe verweigert wird.** 25.7.
" July putsch": Nazi Party supporters storm the Federal Chancellery.
Dollfuss is injured and dies in office when denied medical help.

1935

1936

11.3. **Schuschnigg tritt zurück.** / Schuschnigg resigns.

1937

12.3. **„Unternehmen Otto" – Einmarsch der deutschen Truppen auf österreichischem
Gebiet.** / "Operation Otto" – German troops march into Austria.

1938

13.3. **„Anschluss" – Hitler erlässt das Gesetz zur Wiedervereinigung Österreichs
mit dem Deutschen Reich.** / "Annexation" – Hitler passes the Act for the
Reunification of Austria with the German Reich.

**Hermann Göring zwingt Bundespräsident Miklas, eine nationalsozialistische
Regierung unter Arthur Seyß-Inquart einzusetzen.** / Hermann Göring forces Federal
President Miklas to establish a National Socialist government under Arthur Seyss-Inquart.

1939

1.9. Beginn des Zweiten Weltkrieges
The Second World War begins.

1940

1941

1942

ab August Österreichische Städte werden durch die alliierte Luftwaffe angegriffen.
from August The Allied Air Forces attack Austrian cities.

30.10. Die Moskauer Deklaration der Alliierten erklärt die Wiederherstellung eines unabhängigen und freien Österreichs als ein Kriegsziel.
The Allies sign the Moscow Declaration, declaring the restoration of an independent and free Austria as a war goal.

1943

6.–13.4. Eroberung Wiens durch die Rote Armee
Conquest of Vienna by the Red Army

27.4. Unabhängigkeitserklärung: Die provisorische Staatsregierung unter Karl Renner ruft die Republik Österreich aus.
Declaration of independence: The provisional national government under Karl Renner proclaims the Republic of Austria.

1944

8.5. Ende des Zweiten Weltkrieges: Österreich wird durch die „Vier im Jeep" (alliierte Truppen) besetzt.
End of the Second World War: Austria is occupied by the "Four in a Jeep" (Allied Forces).

1945

20.10. Die Besatzungsmächte erkennen die Regierung Renner an.
The occupying powers recognise Renner's government.

25.11. Erste Nationalratswahlen der Zweiten Republik: Allparteienregierung (ÖVP, SPÖ, KPÖ)
First National Council elections of the Second Republic: all-party government (Austrian People's Party, Social Democratic Party of Austria, Communist Party of Austria)

1946

Bei den ersten Bregenzer Festspielen wird Mozarts „Bastien et Bastienne" auf zwei Kieskähnen aufgeführt.
At the first Bregenz Festival, Mozart's "Bastien et Bastienne" is performed on two gravel barges.

1947

20.11. KPÖ scheidet aus der Regierung aus: große Koalition ÖVP-SPÖ
The Communist Party resigns from the government: grand coalition of Austrian People's Party and Social Democrats

1948

1.7. Die Salzburger Staatsbrücke wird wieder für den Verkehr freigegeben.
The Salzburg State Bridge is reopened to traffic.

31.8. Uraufführung des Films „Der dritte Mann" in London.
Premiere of the film "The Third Man" in London

1949

27.5. Theodor Körner wird zum Bundespräsidenten gewählt. Es ist dies die erste Volkswahl eines Staatsoberhaupts der österreichischen Geschichte.
Theodor Körner is elected Federal

1950

1952

1953

Mai/Juli
May/July

Durch die Unterzeichnung des österreichischen Staatsvertrages erlangt die Republik ihre volle Souveränität.
With the signing of the Austrian State Treaty, the Republic gains full sovereignty.

1954

1.1.

Der Flughafen Wien Schwechat nimmt den Betrieb als ziviler Flughafen auf.
Vienna's Schwechat Airport takes up operations as a civilian airport.

26.10.

Der Nationalrat beschließt die immerwährende Neutralität Österreichs. Seit 1965 ist dieser Tag Nationalfeiertag.
The National Council declares Austria's permanent neutrality. Since 1965, this day has been a national holiday.

1955

14.12.

Österreich tritt den Vereinten Nationen bei.
Austria joins the United Nations.

1956

5.11.

Wiedereröffnung der Wiener Staatsoper
Reopening of the Vienna State Opera

Österreich wird Vollmitglied des Europarates.
Austria becomes a full member state of the European Council.

1957

Gründung der „paritätischen Kommission" (Sozialpartner mit je zwei Regierungsvertretern von ÖVP und SPÖ) zur Regelung von Lohn- und Preisfragen
Establishment of the Parity Commission for Pay and Prices
(with representatives from employees' and employers' associations and two officials each from the Austrian People's Party and the Social Democratic Party)

1958

Aufnahme des regelmäßigen Fernsehbetriebs
Start of regular television broadcasting

19.10.

Ein internationales Turnier zwischen sechs Radballmannschaften ist die erste öffentliche Veranstaltung in der Wiener Stadthalle.
An international cycle ball championship with six teams participating is the first public event held in the Wiener Stadthalle indoor arena.

1959

Einführung der Kräuterlimonade Almdudler
Introduction of the herbal soft drink Almdudler

1960

15.11.

Erstausstrahlung von Helmut Qualtingers „Der Herr Karl"
Television premiere of Helmut Qualtinger's "Der Herr Karl"

1961

3./4.6.

Gipfeltreffen von John F. Kennedy und Nikita Chruschtschow in Wien
Summit meeting of John F. Kennedy and Nikita Khrushchev in Vienna

1962

1963

1964

29.1.–9.2.
Austragung der 9. Olympischen Winterspiele in Innsbruck
Innsbruck hosts the 9th Winter Olympic Games.

19.6.
Der Volksschauspieler Hans Moser stirbt.
Popular character actor Hans Moser dies.

1965

13.3.
Die Beatles landen in Salzburg.
The Beatles land in Salzburg.

Udo Jürgens gewinnt bei seiner dritten Teilnahme am Eurovision Song Contest mit „Merci, Chérie" den ersten Platz für Österreich.
In his third Eurovision Song Contest, Udo Jürgens wins first place for Austria with his song "Merci, Chérie".

1966

Rundfunkgesetz: Der ORF wird weitgehend autonom.
Broadcasting Act: the ORF (Austrian Broadcasting Corporation) is rendered largely autonomous.

1967

1.10.
Ö3 geht auf Sendung.
Radio station Ö3 goes on the air.

Arnold Schwarzenegger wandert in die USA aus.
Arnold Schwarzenegger emigrates to the USA.

1968

7.6.
Protagonisten der Wiener Aktionisten führen die Hörsaal-1-Aktion („Uni-Ferkelei") durch. / Protagonists of the Vienna Actionism movement conduct the Lecture Hall 1 happening ("campus ribaldry").

Erster „Steirischer Herbst"
First "Styrian Autumn" festival

1969

1.1.
Das Neujahrskonzert wird als erste Farbfernsehsendung im österreichischen Rundfunk ausgestrahlt. / The New Year's Concert is the first television show to be broadcast in colour by the Austrian Broadcasting Company.

1970

5.9.
Österreichs Formel-I-Star Jochen Rindt verunglückt in Monza und wird als Einziger in der Formel-I-Geschichte posthum Weltmeister.
Austria's Formula I star Jochen Rindt dies in a car crash in Monza and becomes the first driver in the race's history to be declared a world champion posthumously.

1971

1972

24.3.
Annemarie Moser-Pröll gewinnt zum sechsten Mal den Ski-Gesamtweltcup der Damen.
Annemarie Moser-Pröll wins the overall World Cup title in women's alpine skiing for the sixth time.

1973

28.9.
Zwei palästinensische Geiselnehmer bringen im Bahnhof Marchegg drei jüdische Emigranten und einen Zollwachebeamten in ihre Gewalt. Sie fordern die Schließung des Transitlagers in Schönau an der Triesting und freie Ausreise. Die Regierung Kreisky geht noch am selben Tag auf die Forderungen ein.
Two Palestinian terrorists take three Jewish emigrants and a customs officer hostage at Marchegg Train Station. They demand the closing of the transit camp in Schönau an der Triesting and free passage out of the country. The Kreisky government gives in to their demands that same day.

Die 40-Stunden-Woche wird als maximale Normalarbeitszeit im Kollektivvertrag für alle Arbeitnehmer festgelegt.
A collective agreement sets the 40-hour work week as the maximum normal working time for all employees.

1974

Das Volksgruppengesetz tritt in Kraft. Es sichert die Eigenständigkeit der Kultur ethnischer und sprachlicher Minderheiten.
The Ethnic Groups Act goes into effect. It ensures the cultural independence of ethnic and linguistic minorities.

1975

4.2.–15.2.
Austragung der 12. Olympischen Winterspiele in Innsbruck
Innsbruck hosts the 12th Winter Olympic Games.

21.12.
Terroristen überfallen das OPEC-Hauptquartier in Wien und nehmen 62 Menschen in ihre Gewalt, drei Menschen werden getötet.
Terrorists raid OPEC headquarters in Vienna and take 62 people hostage; three people are killed.

22.12.
Bundeskanzler Kreisky lässt die Terroristen mit 33 Geiseln ausreisen.
Federal Chancellor Kreisky allows the terrorists to leave the country with 33 hostages.

1977

Eröffnung des Arlbergtunnels
Opening of the Arlberg Tunnel

23.1. Versuchter Versicherungsbetrug durch die Versenkung des Frachters „Lucona" im Indischen Ozean führt zum größten politischen Skandal der Zweiten Republik. / Attempted insurance fraud through the sinking of the freighter "Lucona" in the Indian Ocean leads to the greatest political scandal of the Second Republic.

1978

21.6. „Wunder von Cordoba" – Im letzten Spiel der Zwischenrunde der Fußball-Weltmeisterschaft in Argentinien unterliegt die deutsche Mannschaft als amtierender Weltmeister der österreichischen mit 2:3. Beide scheiden aus dem Turnier aus.
"Miracle of Cordoba" – in the last match of the second round of the 1978 FIFA World Cup, in Argentina, Germany as defending world champion loses to Austria 2:3. Both teams are eliminated from the tournament.

23.8. Eröffnung des Wiener Internationalen Zentrums in Wien / Opening of the Vienna International Centre in Vienna
Wien wird dritter Amtssitz der Vereinten Nationen. / Vienna becomes the third official seat of the United Nations.

1979

5.11. Volksabstimmung gegen die Inbetriebnahme des bereits errichteten Atomkraftwerks Zwentendorf / Referendum against commissioning the already-built Zwentendorf nuclear power plant

1981

21.3. Franz Klammer gewinnt seinen fünften Ski-Abfahrtsweltcup und wird dadurch erfolgreichster Rennläufer dieser Disziplin. / Franz Klammer wins his fifth World Cup in downhill skiing, becoming the most successful racer in the discipline.

1982

6.10. Premiere des James-Bond-Films „Sag niemals nie", in dem Klaus Maria Brandauer als Maximilian Largo einen legendären Speichelfaden zieht. / Premiere of the James Bond film "Never Say Never", in which Klaus Maria Brandauer as Maximilian Largo leaves a legendary saliva trail after kissing.

10.–13.9. Papst Johannes Paul II. besucht Wien und Mariazell. / Pope John Paul II visits Vienna and Mariazell.

1983

ab / from 19.12. besetzen ca. 3.000 Menschen die Hainburger Au in Niederösterreich und verhindern so den Bau eines Wasserkraftwerks. / Around 3,000 people occupy the Hainburger Au in Lower Austria, preventing the construction of a hydroelectric power station.

1984

Erste Informationen zum Noricum-Skandal werden veröffentlicht, die Waffenlieferungen einer VOEST-Tochter an den Irak und Iran belegen. / The first information on the Noricum scandal goes public, providing evidence of arms deliveries by a VOEST subsidiary to Iraq and Iran.

1985

Glykolwein-Skandal: Einige österreichische Winzer hatten ihrem Wein verbotenerweise Diethylenglykol beigemischt. / Diethylene glycol wine scandal: It is discovered that some Austrian winemakers have been mixing the prohibited ingredient diethylene glycol into their wine.

8.6. Kurt Waldheim (ÖVP) wird zum Bundespräsidenten gewählt. / Kurt Waldheim (Austrian People's Party) is elected Federal President.
Affäre Waldheim: Der ehemalige UNO-Generalsekretär Kurt Waldheim verschweigt seinen Militärdienst am Balkan im Zweiten Weltkrieg. Ihm wird Mitwirkung bei Kriegsverbrechen vorgeworfen und er erhält Einreiseverbot in die USA. / Waldheim affair: The former UN Secretary General Kurt Waldheim fails to mention his military service in the Balkans during the Second World War. He is accused of involvement in war crimes and is banned from entering the USA.

1986

23.11. Nach der Nationalratswahl ziehen die Grünen erstmals mit 4,82 % der Stimmen und acht Mandaten in den österreichischen Nationalrat ein. / In the parliamentary elections, the Greens get 4.82 % of the vote and hence gain eight seats in the Austrian National Council.

1987

Markteinführung Red Bull / Market launch of Red Bull

1988

23.–27.6. Papst Johannes Paul II. besucht Wien, Trausdorf, Mauthausen, Salzburg, Lorch, Gurk und Innsbruck. / Pope John Paul II visits Vienna, Trausdorf, Mauthausen, Salzburg, Lorch, Gurk and Innsbruck.

1989

14.3. Tod der letzten Kaiserin Österreichs: Zita von Bourbon-Parma
Death of Austria's last empress: Zita von Bourbon-Parma

19.8. „Paneuropäisches Picknick": Die Öffnung eines Grenztors zwischen Österreich und Ungarn mit Zustimmung beider Regierungen gilt als erste „offizielle" Öffnung des Eisernen Vorhangs. „Pan-European Picnic":
The opening of a border gate between Austria and Hungary with the consent of both governments is regarded as the first "official" opening of the Iron Curtain.

16.11. Herbert von Karajan stirbt in Anif bei Salzburg an einem Herzinfarkt.
Herbert von Karajan dies of a heart attack in Anif near Salzburg.

1991

2.10. Franz Viehböck startet als erster österreichischer Raumfahrer ins All.
Franz Viehböck takes off into outer space as the first Austrian astronaut.

1992

24.5. Thomas Klestil (ÖVP) wird zum Bundespräsidenten gewählt.
Thomas Klestil (Austrian People's Party) is elected Federal President.

1993

24.5. Fast 300.00 Menschen protestieren mit einem Lichtermeer am Wiener Heldenplatz gegen das Volksbegehren „Österreich zuerst" und demonstrieren für Solidarität und gegen Fremdenfeindlichkeit.
With a sea of lights on Vienna's Heldenplatz, nearly 300,000 people demonstrate against the anti-foreigner referendum "Austria first", advocating solidarity instead of xenophobia.

1994

1.1. Start des ersten GSM-Netzes.
Launch of the first GSM network.

Österreich tritt der Europäischen Union bei.
Austria joins the European Union.

1995

Österreich unterzeichnet das Schengener Abkommen.
Austria signs the Schengen Agreement.

1996

1997

1.10. Der Terrorist Franz Fuchs wird verhaftet. Er hatte Österreich seit 1993 durch Brief- und Rohrbomben sowie Sprengfallen in Atem gehalten und dabei vier Menschen getötet und 15 schwer verletzt.
The terrorist Franz Fuchs is arrested. He had kept Austria in suspense since 1993 with letter and pipe bombs as well as booby traps, killing four people and seriously injuring 15.

6.2. Der österreichische Popstar Falco (bürgerlich: Johann Hölzel) stirbt bei einem Autounfall in der Dominikanischen Republik.
Austrian pop star Falco (real name: Johann Hölzel) dies in a car accident in the Dominican Republic.

1998

19.–23.6. Papst Johannes Paul II. besucht Wien, Salzburg, und St. Pölten.
Pope John Paul II visits Vienna, Salzburg and St. Pölten.

17.7. Beim Grubenunglück von Lassing in der Steiermark verlieren zehn Menschen ihr Leben.
In a mine accident in Lassing, Styria, ten people lose their lives.

1999

23.2. Eine Lawine verschüttet Galtür und fordert 38 Tote und ca. 48 Verletzte.
An avalanche buries the village of Galtür, taking 38 lives and injuring around 48.

ab / from 4.2. FPÖ-ÖVP-Koalition unter Wolfgang Schüssel (ÖVP).

2002

Bei einer Brandkatastrophe in einem Tunnel der Gletscherbahn Kaprun 2 am Kitzsteinhorn kommen 155 Menschen ums Leben.
A disastrous fire in the tunnel of the Kaprun funicular railway on Kitzsteinhorn Mountain kills 155 people.

11.11.

2003

Anfang August / early August

Das Jahrhundert-Hochwasser fordert sieben Todesopfer und verursacht einen volkswirtschaftlichen Schaden von ca. 3 Milliarden Euro.
Record flooding claims seven lives and causes damage in the amount of some three billion euros.

Graz wird Europäische Kulturhauptstadt.
Graz is European Capital of Culture.

2004

7.9.

„Knittelfelder Putsch": Die FPÖ spaltet sich in FPÖ und BZÖ.
"Knittelfeld Putsch": The Alliance for the Future of Austria splits off from the Freedom Party of Austria.

30.11.

„Herminator" Hermann Maier gewinnt sein 54. Ski-Weltcuprennen in Lake Louise. Damit ist er nach Ingemar Stenmark (86 Siege) der zweiterfolgreichste Skirennläufer der Weltcupgeschichte.
"Herminator" Hermann Maier wins his 54th World Cup ski race in Lake Louise, making him the second most successful alpine ski racer in World Cup history after Ingemar Stenmark (86 victories).

2005

Die Staatsanwaltschaft leitet eine erste Vorerhebung wegen der Verlustgeschäfte der Bank für Arbeit und Wirtschaft ein. Die juristische Aufarbeitung der wirtschaftlichen und politischen Verflechtungen endet am 18.12.2012.
The public prosecutor's office launches a preliminary investigation into the losses incurred by the Bank für Arbeit und Wirtschaft. Judicial proceedings on the economic and political involvement in the bank's dealings are concluded on 18th December 2012.

2006

6.9.

Das Entführungsopfer Natascha Kampusch gibt das erste Interview nach ihrer Flucht. Mit 2,6 Millionen Zuschauern ist dies die bis dato meistgesehene Sendung des ORF.
Kidnapping victim Natascha Kampusch gives her first interview after her escape. With 2.6 million viewers, it is the most-watched ORF broadcast to date.

2007

Durch einen Bericht der österreichischen Nationalbank werden Ungereimtheiten bei der Kärntner Hypo-Alpe-Adria-Bank bekannt. / A report issued by the Austrian National bank brings to light suspicious activities at the Hypo Alpe Adria Bank in Carinthia.

2008

7.–29.6.

Die Fußball-Europameisterschaft wird in Österreich und der Schweiz ausgetragen.
The UEFA European Football Championship is held in Austria and Switzerland.

2009

Linz wird Europäische Kulturhauptstadt.
Linz is European Capital of Culture.

2010

2011

4.2.

Gregor Schlierenzauer gewinnt sein 40. Weltcupspringen und wird damit erfolgreichster Skispringer aller Zeiten.
Gregor Schlierenzauer wins his 40th World Cup ski jumping competition, becoming the most successful ski jumper of all time.

2012

Das zweite Jahrhundert-Hochwasser zerstört viele Ortschaften in ganz Österreich. Elf Menschen sterben, der Sachschaden beträgt zwischen zwei und drei Milliarden Euro.
The second record-breaking flood of the century destroys villages all over Austria. Eleven people die, and the damage is assessed as between two and three billion euros.

2.6.

2013

Quellen
References

8
Eigene Recherche / The authors' own research

10
Österreichische Waldinventur (2007/09), http://bfw.ac.at • derStandard.at GmbH, Wien / Vienna, www.derstandard.at • Kleine Zeitung GmbH & Co KG, Graz, www.kleinezeitung.at • Bundesministerium für Land- und Forstwirtschaft, Umwelt und Wasserwirtschaft / Federal Ministry of Agriculture, Forestry, Environment and Water Management, www.lebensministerium.at • Österreichischer Rundfunk, ww.orf.at • Pro Juventute Österreich, Salzburg, www.projuventute.at • RegioData – Regionale Wirtschaftsdaten für Europa / Regional Economic Data for Europe, www.regiodata.eu • Statistik Austria, www.statistik.at • Umweltbundesamt GmbH, Wien / Environment Agency, Vienna, www.umweltbundesamt.at • VCÖ – Verkehrsclub Österreich, Wien / Vienna, www.vcoe.at • www.wohnnet.at • Österreichische Vereinigung für das Gas- und Wasserfach, Wien / Vienna, www.wasserwerk.at • Arbeitsgemeinschaft Edelmetalle, Zürich / Zurich, www.ag-edelmetalle.de • REGIONAL VersicherungsBüro GmbH, Windischgarsten, www.hagelversicherung.at • Kammer für Arbeiter und Angestellte für Oberösterreich, Linz, http://ooe.arbeiterkammer.at

12
Statistik Austria, www.statistik.at

14
www.telefonabc.at • www.verwandt.at

16
Bundesministerium für Wissenschaft und Forschung / Federal Ministry of Science and Research, www.bmwf.gv.at • Burgtheater, Wien / Vienna, www.burgtheater.at

18
Statistik Austria, www.statistik.at

20
Österreichischer Bundesfeuerwehrverband, Wien / Vienna, www.bundesfeuerwehrverband.at

22
Land Oberösterreich, Linz, www.land-oberoesterreich.gv.at

24
Putzger, Friedrich Wilhelm; Lendl, Egon & Wilhelm Wagner: Historischer Weltatlas zur allgemeinen und österreichischen Geschichte. Wien: Hölder-Pichler-Tempsky / Österreichischer Bundesverlag 1993. • Google Planimeter, http://acme.com/planimeter

26
Burg Hochosterwitz, Launsdorf, www.burg-hochosterwitz.at • Schloss Esterházy, Eisenstadt, www.esterhazy.at • Schloss Hohenems, Hohenems, www.palast.at • Salzburger Nachrichten, Salzburg, www.salzburg.com • Schloss Ambras, Innsbruck, www.schlossambras-innsbruck.at • Schloss Schönbrunn, Wien / Vienna, www.schoenbrunn.at • Schloss Greinburg an der Donau, Grein an der Donau, www.schloss-greinburg.at • Schloss Hof, Engelhartstetten, www.schlosshof.at • Tourismusverband Steyr / Steyr tourist board, Steyr, www.steyr.info

28
Eigene Recherche / The authors' own research

30
Sisi Museum, Wien / Vienna, www.hofburg-wien.at • Österreichische Nationalbibliothek, Wien / Vienna, www.onb.ac.at • Eigene Recherche / The authors' own research

32
Spanische Hofreitschule – Bundesgestüt Piber, Wien / Vienna, www.srs.at

34
Bundesministerium für Land- und Forstwirtschaft, Umwelt und Wasserwirtschaft / Federal Ministry of Agriculture, Forestry, Environment and Water Management, www.lebensministerium.at • Statistik Austria, www.statistik.at

36
Zentralstelle der Österreichischen Landesjagdverbände, Wien / Vienna, www.ljv.at • Jagdwirtschafts-, Förderungs- und BetriebsGmbH, Wien / Vienna www.weidwerk.at • Statistik Austria, www.statistik.at

38
Österreichische Waldinventur 2007/09, http://bfw.ac.at • Bundesministerium für Land- und Forstwirtschaft, Umwelt und Wasserwirtschaft / Federal Ministry of Agriculture, Forestry, Environment and Water Management, www.lebensministerium.at

40
BEV – Bundesamt für Eich- und
Vermessungswesen • Verband
der Österreichischen Berg- und
Schiführer, Wiesing,
www.bergfuehrer.at • Wikipedia

42
Bundesamt für Wasserwirtschaft,
www.baw.at • Bundesministerium
für Land- und Forstwirtschaft,
Umwelt und Wasserwirtschaft /
Federal Ministry of Agriculture,
Forestry, Environment and Water
Management,
www.lebensministerium.at

44
www.auto-im-vergleich.de
• www.landderberge.at •
http://blog.snowtrex.de • Google
Maps, https://maps.google.com/

46
Verband der
Versicherungsunternehmen
Österreichs, Wien / Vienna,
http://khv.vvo.at •
KFZ-Kennzeichengenerator,
www.kennzeichengenerator.com
• www.ewigesarchiv.at •
Tageszeitung Kurier,
Wien / Vienna, www.kurier.at

48
Bibliographisches Institut GmbH,
Dudenverlag Berlin,
www.duden.de • Eigene
Recherche / The authors' own
research

50
Befragung / interview: Helga Besl,
Julia Fellerer, Walter Fink, Bruno
Haberzettel, Robert Ivancich,
Petra Kern, Michael Orou, Gerhard
Rödlach, Isabella Scheuringer,
Brunhilde Steger, Johanna
Wahrstätter, Jörg Weitlaner

52
Österreichische Akademie
der Wissenschaften, Institut
für Corpuslinguistik und
Texttechnologie (ICLTT),
Forschungsgruppe DINAMLEX
(Ingeborg Geyer, Bastian
Spangenberg),
www.oeaw.ac.at/dinamlex

54
Stille Nacht Gesellschaft,
Oberndorf bei Salzburg,
www.stillenacht.at •
www.silentnight.web.za •
Wikipedia

56
www.google.com

58
ÖBV – Österreichischer
Blasmusikverband, Zeilern,
www.blasmusik.at • Verband der
Südtiroler Musikkapellen, Bozen,
www.vsm.bz.it • Norbert Grumer

60
ÖBV – Österreichischer
Blasmusikverband, Zeilern,
www.blasmusik.at • Verband der
Südtiroler Musikkapellen, Bozen,
www.vsm.bz.it • Norbert Grumer

62
Trapp Family Lodge,
www.trappfamily.com •
Salzburger Nachrichten, Salzburg,
www.salzburg.com • Wikipedia

64
Wikipedia

66
Wiener Philharmoniker,
Wien / Vienna,
www.wienerphilharmoniker.at

68
Tanzschule Elmayer,
Wien / Vienna, www.elmayer.at •
www.vip.de • Wikipedia

70
Wiener Staatsoper,
www.wiener-staatsoper.at

72
ORF-Kundendienst,
http://kundendienst.orf.at

74
Eigene Recherche / The authors'
own research

76
Wiener Linien GmbH & Co KG,
www.wienerlinien.at • Wikipedia

78
Eigene Recherche / The authors'
own research • World Wide Web

80
Figlmüller GmbH, Wien / Vienna,
www.figlmueller.at • Figlmüller,
Hans & Thomas Figlmüller:
Figlmüller – Wiener Küche.
Kochen nach Bildern.
Wien: echomedia 2012.

82
Kulinarischer Salon, Kufstein,
www.kulinarischersalon.com

84
Österreich Wein Marketing GmbH,
Wien / Vienna,
www.oesterreichwein.at •
Statistik Austria, www.statistik.at

86
Verein GENUSS REGION
ÖSTERREICH, Wien / Vienna,
www.genuss-region.at

102
Österreich Werbung, Wien /
Vienna, www.austria.info •
Statistik Austria, www.statistik.at

116
ZAMG – Zentralanstalt für
Meteorologie und Geodynamik
Wien / Central Institution for
Meteorology and Geodynamics
Vienna, www.zamg.ac.at •
Statistik Austria, www.statistik.at

88
Kaffee Kompetenz Zentrum im
Österreichischen Gesellschafts-
und Wirtschaftsmuseum, Wien /
Vienna, www.kaffeemuseum.at

104
Statistik Austria, www.statistik.at
• Eigene Recherche / The
authors' own research

118
Chorherr, Thomas: Eine kurze
Geschichte Österreichs.
Wien: Ueberreuter 2003. •
Filmarchiv Austria Wien / Vienna,
www.filmarchiv.at • World
Wide Web

90
Plachutta, Ewald & Christoph
Wagner (eds): Das kulinarische
Erbe Österreichs.
The Culinary Heritage of Austria.
Die 100 klassischen Gerichte.
Wien: Perlen-Reihe 2011. •
Fercher, Dietmar & Andrea Karrer:
Süße Klassiker. St. Pölten 2010.

106
WIFO – Österreichisches Institut
für Wirtschaftsforschung, Wien /
Austrian Institute for Economic
Research Wien, Vienna •
WKO – Wirtschaftskammer
Österreich, Wien / Austrian
Economic Chamber, Vienna,
http://portal.wko.at •
http://de.inflation.eu

92
Statistik Austria, www.statistik.at

108
IV – Industriellen Vereinigung,
Wien / Federation of Austrian
Industries, Vienna, www.iv-net.at

94
Josef Manner & Comp AG,
Wien / Vienna, www.manner.com

110
Wikipedia • Heinz Prüller •
Eigene Recherche / The authors'
own research

96
Österreich Werbung,
Wien / Vienna, www.austria.info
• www.monumentaltrees.com •
Wikipedia

112
Wikipedia

98
Österreichische UNESCO-
Kommission, Wien / Austrian
Commission for UNESCO, Vienna,
www.unesco.at

114
Statistik Austria, www.statistik.at
• Bundesministerium für
Land- und Forstwirtschaft,
Umwelt und Wasserwirtschaft /
Federal Ministry of Agriculture,
Forestry, Environment and Water
Management,
www.lebensministerium.at

100
Österreich Werbung,
Wien / Vienna, www.austria.info
• Datenbank zur Europäischen
Ethnologie / Volkskunde,
www.sagen.at •
www.oesterreich.com